Oxóssi

Ademir Barbosa Júnior
(Dermes)

SARAVÁ

Oxóssi

© 2019, Editora Anúbis

Revisão:
Tânia Hernandes

Projeto gráfico e capa:
Edinei Gonçalves

Dados Internacionais de Catalogação na Publicação (CIP)
(Câmara Brasileira do Livro, SP, Brasil)

Barbosa Júnior, Ademir
  Saravá Oxóssi / Ademir Barbosa Júnior (Dermes). -- São Paulo: Anúbis, 2014.

  Bibliografia.
  ISBN 978-85-67855-18-9

  1. Orixás 2. Oxóssi (Culto) 3. Umbanda (Culto) I. Título.

14-04753   CDD-299.6

Índices para catálogo sistemático:
1. Orixás : Culto : Religiões de origem africana   299.6

São Paulo/SP – República Federativa do Brasil
Printed in Brazil – Impresso no Brasil

Este livro segue as novas regras do Acordo Ortográfico da Língua Portuguesa.

Os direitos de reprodução desta obra pertencem à Editora Anúbis. Portanto, não é permitida a reprodução total ou parcial desta obra, de qualquer forma ou por qualquer meio eletrônico, mecânico, inclusive por meio de processos xerográficos, incluindo ainda o uso da internet, sem a permissão expressa por escrito da Editora (Lei nº 9.610, de 19.2.98).

Distribuição exclusiva
Aquaroli Books
Rua Curupá, 801 – Vila Formosa – São Paulo/SP
CEP 03355-010 – Tel.: (11) 2673-3599
atendimento@aquarolibooks.com.br

Para todos os que lutam pela dignidade das religiões
de matriz africana e por seus filhos.

Okê Arô, Oxóssi!

Axé!

Oração ao Caboclo Pena Branca

Caboclo,
Sua bênção!

Agradeço as lições de coragem, força, determinação e humildade. Com passos firmes, me ensinaste a andar. Com sabedoria, me ensinaste a apurar o ouvido para distinguir o canto dos pássaros, o ruído das folhas, os passos dos que chegam para destruir a floresta.

Ando e corro pelas matas, sob o brilho de teus olhos, sabendo que, pés plantados no chão e corpo flexível, escorrego, mas não caio. Não há limo nas pedras que me derrube quando estás por perto para me ensinar onde pisar.

A Umbanda nasce do brado de um Caboclo. E é na Umbanda que aprendo a bradar e a ficar em silêncio. A ser corajoso, sem ser agressivo. A ser paciente, sem perder o foco. A distinguir entre a folha que salva e o veneno que mata. A ser digno com humildade.

Agradeço as lições de sabedoria, em volta do fogo, sentado em círculo.

Agradeço as lições de sobrevivência para os momentos de perigo.

Agradeço por me apurares os olhos e as mãos para eu identificar melhor e aprender a desarmar armadilhas.

Caboclo do verde de Oxóssi, és terra, água, fogo e ar, combinados em harmonia. És mestre porque sabes ser discípulo. És cacique e pajé, por isso batizas e curas, limpas, consagras e cruzas.

Eu sigo dançando na tua pisada.

Eu sigo os caminhos marcados por pedras, paus e folhas que deixas para mim. Eu sigo os caminhos riscados pela pemba.

Eu sigo até o caminho e eu nos tornarmos um.

Okê, Caboclo!

Ademir Barbosa Júnior
(Dermes)

Sumário

Prece de Cáritas	11
Hino de Umbanda	13
Pai Nosso Umbandista	15
Credo Umbandista	17
Salmo 23 na Umbanda	19
Introdução	21
Orixá	25
Candomblé	31
Umbanda	39
Diversidade	51
Oxóssi	57
Cores	75
Símbolos	77
Sincretismo	81
Comidas e bebidas	85
Corpo humano e chacras	87
Elemento e ponto de força	93
Incompatibilidades	95
Ervas e flores	97
Planeta	101
Algumas qualidades	103
Registros	105

Orações 115
Umbanda e meio ambiente 117
Legislação 125
Bibliografia. 129
O autor 139

Prece de Cáritas

DEUS, nosso Pai, que sois todo poder e bondade, dai força àquele que passa pela provação; dai a luz àquele que procura a verdade, pondo no coração do homem a compaixão e a caridade.

Deus, dai ao viajor a estrela guia; ao aflito, a consolação; ao doente, o repouso. Pai, dai ao culpado o arrependimento; ao espírito, a verdade; à criança, o guia; ao órfão, o pai.

Senhor, que a vossa bondade se estenda sobre tudo o que criaste.

Piedade, Senhor, para aqueles que não vos conhecem; esperança para aqueles que sofrem.

Que a vossa bondade permita aos espíritos consoladores derramarem por toda parte a paz, a esperança e a fé.

Deus, um raio, uma faísca do Vosso Amor pode abrasar a Terra.

Deixa-nos beber nas fontes dessa bondade fecunda e infinita e todas as lágrimas secarão, todas as dores acalmar-se-ão.

Um só coração, um só pensamento subirá até Vós como um grito de reconhecimento e amor.

Como Moisés sobre a montanha, nós Vos esperamos com os braços abertos.

Oh! Poder... Oh! Bondade... Oh! Beleza... Oh! Perfeição... E queremos de alguma sorte alcançar a Vossa Misericórdia.

Deus, dai-nos a força de ajudar o progresso a fim de subirmos até Vós.

Dai-nos a caridade pura; dai-nos a fé e a razão; dai-nos a simplicidade que fará de nossas almas o espelho onde deve refletir a Vossa Santa e Misericordiosa Imagem.

Hino de Umbanda

Refletiu a luz divina
em todo seu esplendor;
é do Reino de Oxalá
onde há Paz e Amor.

Luz que refletiu na terra,
luz que refletiu no mar,
luz que veio de Aruanda
para tudo iluminar.

A Umbanda é Paz e Amor,
é um mundo cheio de luz...
é a força que nos dá vida
e à grandeza nos conduz.

Avante, filhos de fé
como a nossa Lei não há...
levando ao mundo inteiro
a bandeira de Oxalá.

Pai Nosso Umbandista

Pai nosso que estás nos céus, nas matas, nos mares e em todos os mundos habitados.

Santificado seja o teu nome, pelos teus filhos, pela natureza, pelas águas, pela luz e pelo ar que respiramos.

Que o teu reino, reino do bem, do amor e da fraternidade, nos una a todos e a tudo que criaste, em torno da sagrada cruz, aos pés do Divino Salvador e Redentor.

Que a tua vontade nos conduza sempre para o culto do Amor e da Caridade.

Dá-nos hoje e sempre a vontade firme para sermos virtuosos e úteis aos nossos semelhantes.

Dá-nos hoje o pão do corpo, o fruto das matas e a água das fontes para o nosso sustento material e espiritual.

Perdoa, se merecermos, as nossas faltas e dá-nos o sublime sentimento do perdão para os que nos ofendem.

Não nos deixes sucumbir, ante a luta, dissabores, ingratidões, tentações dos maus espíritos e ilusões pecaminosas da matéria.

Envia, Pai, um raio de tua Divina complacência, Luz e Misericórdia para os teus filhos pecadores que aqui habitam, pelo bem da humanidade.

Que assim seja, em nome de Olorum, Oxalá e de todos os mensageiros da Luz Divina.

Credo Umbandista

Creio em Deus, onipotente e supremo.

Creio nos Orixás e nos Espíritos Divinos que nos trouxeram para a vida por vontade de Deus. Creio nas falanges espirituais, orientando os homens na vida terrena.

Creio na reencarnação das almas e na justiça divina, segundo a lei do retorno.

Creio na comunicação dos Guias Espirituais, encaminhando-nos para a caridade e para a prática do bem.

Creio na invocação, na prece e na oferenda, como atos de fé e creio na Umbanda, como religião redentora, capaz de nos levar pelo caminho da evolução até o nosso Pai Oxalá.

Salmo 23 na Umbanda

Oxalá é meu Pastor, nada me faltará.
Deitar-me faz nos verdes campos de Oxóssi.
Guia-me, Pai Ogum, mansamente nas águas tranquilas de Mãe Nanã Buruquê.
Refrigera minha alma meu Pai Obaluaê.
Guia-me, Mãe Iansã, pelas veredas da Justiça de Xangô.
Ainda que andasse pelo Vale das Sombras e da Morte de meu Pai Omulu, eu não temeria mal algum, porque Zambi está sempre comigo.
A tua vara e o teu cajado são meus guias na direita e na esquerda.
Consola-me, Mamãe Oxum.
Prepara uma mesa cheia de Vida perante mim, minha Mãe Iemanjá.
Exu e Pombagira, vos oferendo na presença de meus inimigos.
Unge a minha coroa com o óleo consagrado a Olorum, e o meu cálice, que é meu coração, transborda.
E certamente a bondade e a misericórdia de Oxalá estarão comigo por todos os dias.
E eu habitarei na casa dos Orixás, que é Aruanda, por longos dias!
Que assim seja!

SARAVÁ!

Introdução

Falar sobre Orixá nunca é fácil, pois o Orixá é sentido e vivido em inúmeras nuanças no cotidiano. Por esse motivo, tenho publicado livros e artigos e produzido DVDs sobre a temática dos Orixás não apenas com os instrumentos do pesquisador, mas, sobretudo, com o apoio da Espiritualidade, por meio de tantos Amigos visíveis e invisíveis. O objetivo nunca é dar a palavra final – pelo contrário, é direcionar o diálogo para sua amplitude e profundidade.

Escrever sobre Oxóssi é escrever sobre fartura, prosperidade, sabedoria, conhecimento espiritual, aprendizado.

Agradeço a Deus, aos Sagrados Orixás, aos Guias e Guardiões; ao Caboclo Pena Branca, que me mostra o caminho; à Babá Paula, à Mãe Pequena e minha "Madlinha" Vânia, que me ajudam a trilhá-lo; à Babá e também minha Madrinha Marissol Nascimento, presidente da Federação de Umbanda e Candomblé Mãe Senhora Aparecida, pela confiança e pelo amor; a todos os irmãos da Tenda de Umbanda Caboclo Pena Branca e Mãe Nossa Senhora Aparecida, casa da qual sou filho; a Iya Senzaruban, dirigente do Ilê Iya Tunde, casa por onde passei, há alguns anos; a Sávio Gonçalves, irmão de Mucuiú, irmão de Saravá; à Mara Tozatto e Karina Andrade, amigas da Rádio Mundo Aruanda; a meus pais Ademir e Laís;

a minha irmã Arianna; à querida Tia Nair Barbosa, dirigente espiritual do antigo Terreiro Caboclo Sete Flechas (Rua Almirante Barroso), de Piracicaba, aonde eu ia pequenininho (A primeira vez que vi o mar foi numa festa de Iemanjá, com o povo dessa casa.) e à querida amiga Norma Cardins, uma das responsáveis pela criação do Memorial de Mãe Menininha, no Gantois, e uma de minhas cicerones pelas ruas de Salvador (BA) em muitas de minhas passagens e estadas naquela que é uma de minhas cidades no mundo.

Axé!

Ademir Barbosa Júnior
(Dermes)

ser espiritualizado é
aprender a conviver com as
diferenças e a ingratidão.

(Caboclo Pena Branca)

Orixá

A fim de não estender muito o possível debate dialógico, este capítulo procurará apresentar uma visão geral dos Orixás sem alongar-se nas diferenças de conceitos entre Candomblé e Umbanda.

Etimologicamente e em tradução livre, Orixá significa "a divindade que habita a cabeça" (Em iorubá, "ori" é cabeça, enquanto "xá", rei, divindade.), e é associado comumente ao diversificado panteão africano, trazido à América pelos negros escravos. A Umbanda Esotérica, por sua vez, reconhece no vocábulo Orixá a corruptela de "Purushá", significando "Luz do Senhor" ou "Mensageiro do Senhor".

Cada Orixá relaciona-se a pontos específicos da natureza, os quais são também pontos de força de sua atuação. O mesmo vale para os chamados quatro elementos: fogo, terra, ar e água.

Portanto, os Orixás são agentes divinos, verdadeiros ministros da Divindade Suprema (Deus, Princípio Primeiro, Causa Primeira etc.), presentes nas mais diversas culturas e tradições espirituais/religiosas, com nomes e cultos diversos, como os Devas indianos.

Visto que o ser humano e seu corpo estão em estreita relação com o ambiente (O corpo humano em funcionamento contém em si água, ar, componentes associados a terra, além de calor, relacionado ao fogo.), seu Orixá pessoal tratará de cuidar para que essa relação seja a mais equilibrada possível.

Tal Orixá, Pai ou Mãe de Cabeça, é conhecido comumente como Eledá e será responsável pelas características físicas, emocionais, espirituais etc. de seu filho, de modo a espelhar nele os arquétipos de suas características, encontrados nos mais diversos mitos e lendas dos Orixás. Auxiliarão o Eledá nessa tarefa outros Orixás, conhecidos como Juntós, ou Adjuntós, conforme a ordem de influência, e ainda outros.

Na chamada "coroa de um médium de Umbanda" ainda aparecem os Guias e as Entidades, em trama e enredo bastante diversificados. Embora, por exemplo, geralmente se apresente para cada médium um Preto-Velho, há outros que o auxiliam, e esse mesmo Preto-Velho poderá, por razões diversas, dentre elas missão cumprida, deixar seu médium e partir para outras missões, inclusive em outros planos.

De modo geral, a Umbanda não considera os Orixás que descem ao terreiro como energias e/ou forças supremas desprovidas de inteligência e individualidade.

Para os africanos, e tal conceito reverbera fortemente no Candomblé, Orixás são ancestrais divinizados, que incorporam conforme a ancestralidade, as afinidades e a coroa de cada médium.

No Brasil, teriam sido confundidos com os chamados Imolês, isto é, Divindades Criadoras, acima das quais aparece um único Deus: Olorum ou Zâmbi.

Na linguagem e concepção umbandistas, portanto, quem incorpora numa gira de Umbanda não são os Orixás propriamente ditos, mas seus falangeiros, em nome dos próprios

Orixás. Tal concepção está de acordo com o conceito de ancestral (espírito) divinizado (e/ou evoluído) vivenciado pelos africanos que para cá foram trazidos como escravos.

Mesmo que essa visão não seja consensual (Há quem defenda que tais Orixás já encarnaram, enquanto outros segmentos umbandistas – a maioria, diga-se de passagem – rejeitam esse conceito.), ao menos se admite no meio umbandista que o Orixá que incorpora possui um grau adequado de adaptação à energia dos encarnados, o que seria incompatível para os Orixás hierarquicamente superiores.

Na pesquisa feita por Miriam de Oxalá a respeito da ancestralidade e da divinização de ancestrais, aparece, dentre outras fontes, a célebre pesquisadora Olga Guidolle Cacciatore, para quem,

> [...] os Orixás são intermediários entre Olórun, ou melhor, entre seu representante (e filho) Oxalá e os homens. Muitos deles são antigos reis, rainhas ou heróis divinizados, os quais representam as vibrações das forças elementares da Natureza – raios, trovões, ventos, tempestades, água, fenômenos naturais como o arco-íris, atividades econômicas primordiais do homem primitivo – caça, agricultura – ou minerais, como o ferro que tanto serviu a essas atividades de sobrevivência, assim como às de extermínio na guerra. [...]

Entretanto, e como o tema está sempre aberto ao diálogo, à pesquisa, ao registro de impressões, conforme observa o médium umbandista e escritor Norberto Peixoto, é possível incorporar a forma-pensamento de um Orixá, a qual é plasmada e mantida pelas mentes dos encarnados. Em suas palavras,

[...] era dia de sessão de preto(a) velho(a). Estávamos na abertura dos trabalhos, na hora da defumação. O congá 'repentinamente' ficou vibrado com o orixá Nanã, que é considerado a mãe maior dos orixás e o seu axé (força) é um dos sustentadores da egrégora da Casa desde a sua fundação, formando par com Oxóssi. Faltavam poucos dias para o amaci (ritual de lavagem da cabeça com ervas maceradas), que tem por finalidade fortalecer a ligação dos médiuns com os orixás regentes e guias espirituais. Pedi um ponto cantado de Nanã Buruquê, antes dos cânticos habituais. Fiquei envolvido com uma energia lenta, mas firme. Fui transportado mentalmente para a beira de um lago lindíssimo e o orixá Nanã me 'ocupou', como se entrasse em meu corpo astral ou se interpenetrasse com ele, havendo uma incorporação total. (...) Vou explicar com sinceridade e sem nenhuma comparação, como tanto vemos por aí, como se a manifestação de um ou outro (dos espíritos na umbanda versus dos orixás em outros cultos) fosse mais ou menos superior, conforme o pertencimento de quem os compara a uma ou outra religião. A 'entidade' parecia um 'robô', um autômato sem pensamento contínuo, levado pelo som e pelos gestos. Sem dúvida, houve uma intensa movimentação de energia benfeitora, mas durante a manifestação do orixá minha cabeça ficou mentalmente vazia, como se nenhuma outra mente ocupasse o corpo energético do orixá que dançava, o que acabei sabendo depois tratar-se de uma forma-pensamento plasmada e mantida 'viva' pelas mentes dos encarnados.

No cotidiano dos terreiros, por vezes o vocábulo Orixá é utilizado também para Guias. Nessas casas, por exemplo,

é comum ouvir alguém dizer antes de uma gira de Pretos-Velhos: "Precisamos preparar mais banquinhos, pois hoje temos muitos médiuns e, portanto, aumentará o número de Orixás em Terra.".

Na compreensão das relações entre os Orixás, as leituras são múltiplas: há, por exemplo, quem considere Inlé e Ibualama Orixás independentes, enquanto outros os associam como qualidades de Oxóssi. Algo semelhante ocorre, dentre outros, com Airá, ora visto como qualidade de Xangô, ora como Orixá a ele associado, e com Aroni, a serviço de Ossaim, ou seu mentor, ou o próprio Ossaim.

Com características muito semelhantes, na tradição Angola cada Orixá é chamado de Inquice. No Candomblé Jeje, Vodum.

Em África eram conhecidos e cultuados centenas de Orixás.

Candomblé

Candomblé é um nome genérico que agrupa o culto aos Orixás jeje-nagô, bem como outras formas que dele derivam ou com eles se interpenetram, as quais se espraiam em diversas nações.

Trata-se de uma religião constituída, com teologia e rituais próprios, que cultua um poder supremo, cujos poder e alcance se fazem espiritualmente mais visíveis por meio dos Orixás.

Sua base é formada por diversas tradições religiosas africanas, destacando-se as da região do Golfo da Guiné, desenvolvendo-se no Brasil a partir da Bahia.

O Candomblé não faz proselitismo e valoriza a ancestralidade, tanto por razões históricas (antepassados africanos) quanto espirituais – filiação aos Orixás, cujas características se fazem conhecer por seus mitos e por antepassados históricos ou semi-históricos divinizados.

Embora ainda discriminado pelo senso comum e atacado por diversas denominações religiosas que o associam à chamada baixa magia, o Candomblé tem cada vez mais reconhecida sua influência em diversos setores da vida social brasileira, dentre outros, a música (percussão, toques, base musical etc.), a culinária (Pratos da cozinha-de-santo que migraram para restaurantes e para as mesas das famílias brasileiras.) e a medicina popular (Fitoterapia e outros).

O Candomblé não existia em África tal qual o conhecemos, uma vez que naquele continente o culto aos Orixás era segmentado por regiões (Cada região e, portanto, famílias/clãs cultuavam determinado Orixá ou apenas alguns.).

No Brasil, os Orixás tiveram seus cultos reunidos em terreiros, com variações, evidentemente, assim como com interpenetrações teológicas e litúrgicas das diversas nações.

Embora haja farta bibliografia a respeito do Candomblé, e muitas de suas festas sejam públicas e abertas a não iniciados, trata-se de uma religião iniciática, com ensino-aprendizagem pautado pela oralidade, com conteúdo exotérico (de domínio público) e esotérico (Segredos os mais diversos transmitidos apenas aos iniciados.).

Conforme sintetiza Vivaldo da Costa Lima,

> [...] a filiação nos grupos de candomblé é, a rigor, voluntária, mas nem por isso deixa de obedecer aos padrões mais ou menos institucionalizados das formas de apelo que determinam a decisão das pessoas de ingressarem, formalmente num terreiro de candomblé, através dos ritos de iniciação. Essas formas de chamamento religioso se enquadram no universo mental das classes e estratos de classes de que provêm a maioria dos adeptos do candomblé, e são, geralmente, interpretações de sinais que emergem dos sistemas simbólicos culturalmente postulados. Sendo um sistema religioso – portanto uma forma de relação expressiva e unilateral com o mundo sobrenatural – o candomblé, como qualquer outra religião iniciática, provê a circunstância em

*que o crente poderá, satisfazendo suas emoções e suas outras
necessidades existenciais, situar-se plenamente num grupo
socialmente reconhecido e aceito, que lhe garantirá status e
segurança – que esta parece ser uma das funções principais
dos grupos de candomblé – dar a seus participantes um
sentido para a vida e um sentimento de segurança e proteção
contra 'os sofrimentos de um mundo incerto'.*

Formação

O Culto aos Orixás, pelos africanos no Brasil, tem uma longa história de resistência e sincretismo, que, impedidos de cultuar os Orixás, valiam-se de imagens e referências católicas para manter viva a sua fé.

Por sua vez, a combinação de cultos que deu origem ao Candomblé, deveu-se ao fato de serem agregados numa mesma propriedade (E, portanto, na mesma senzala.) escravos provenientes de diversas nações, com línguas e costumes diferentes – certamente uma estratégia dos senhores brancos para evitar revoltas, além de uma tentativa de fomentar rivalidades entre os próprios africanos. Vale lembrar que em África o culto aos Orixás era segmentado por regiões: cada região cultuava determinado Orixá ou apenas alguns.

Em 1830, algumas mulheres originárias de Ketu, na Nigéria, filiadas à irmandade de Nossa Senhora da Boa Morte, reuniram-se para estabelecer uma forma de culto que preservasse as tradições africanas em solo brasileiro. Reza a tradição e documentos históricos que tal reunião aconteceu na antiga Ladeira do Bercô (Hoje, Rua Visconde de Itaparica.), nas proximidades da Igreja da Barroquinha, em Salvador (BA). Nesse grupo, e com o auxílio do africano Baba-Asiká, destacou-se Íyànàssó Kalá ou Oká (Iya Nassô). Seu òrúnkó no Orixá (nome iniciático) era Íyàmagbó-Olódùmarè.

Para conseguir seu intento, essas mulheres buscaram fundir aspectos diversos de mitologias e liturgias, por exemplo. Uma vez distantes da África, a Ìyà ìlú àiyé èmí (Mãe Pátria Terra da Vida), teriam de adaptar-se ao contexto local, não cultuando necessariamente apenas Orixás locais (Caraterísticos de tribos, cidades e famílias específicas.) em espaços amplos, como a floresta, cenário de muitas iniciações, porém num espaço previamente estabelecido: a casa de culto. Nessa reprodução em miniatura da África, os Orixás seriam cultuados em conjunto. Nascia o Candomblé.

Ao mesmo tempo em que designava as reuniões feitas por escravos com o intuito de louvar os Orixás, a palavra Candomblé também era empregada para toda e qualquer reunião ou festa organizada pelos negros no Brasil. Por essa razão, antigos Babás e Iyas evitavam chamar o culto aos Orixás de Candomblé.

Em linhas gerais, Candomblé seria uma corruptela de "candonbé" (Atabaque tocado pelos negros de Angola.) ou viria de "candonbidé" (Louvar ou pedir por alguém ou por algo.).

Cada grupo com características próprias teológicas, linguísticas e de culto, embora muitas vezes se interpenetrem, ficou conhecido como nação:

- Nação Ketu;
- Nação Angola;
- Nação Jeje;

- Nação Nagô;
- Nação Congo;
- Nação Muxicongo;
- Nação Efon.

Constituída por grupos que falavam iorubá, dentre eles os de Oyó, Abeokutá, Ijexá, Ebá e Benim, a Nação Ketu também é conhecida como Alaketu.

Os iorubás, guerreando com os jejes, em África, perderam e foram escravizados, vindo mais adiante para o Brasil. Maltratados, foram chamados pelos fons de ànagô (Dentre várias acepções, piolhentos, sujos.). O termo, com o tempo, modificou-se para nàgó e foi incorporado pelos próprios iorubás como marca de origem e de forma de culto. Em sentido estrito, não há uma nação política chamada nagô.

Em linhas gerais, os Candomblés dos estados da Bahia e do Rio de Janeiro ficaram conhecidos como de Nação Ketu, com raízes iorubanas. Entretanto, existem variações em cada nação. No caso do Ketu, por exemplo, destacam-se a Nação Efan e a Nação Ijexá. Efan é uma cidade da região de Ijexá, nas proximidades de Oxogbô e do rio Oxum, na Nigéria. A Nação Ijexá é conhecida pela posição de destaque que nela possui o Orixá Oxum, sua rainha.

No caso do Candomblé Jeje, por exemplo, uma variação é o Jeje Mahin, sendo Mahin uma tribo que havia nas proximidades da cidade de Ketu. Quanto às Nações Angola e Congo, seus Candomblés se desenvolveram a partir dos cultos de escravos provenientes dessas regiões africanas.

De fato, a variação e o cruzamento de elementos de Nações não são estanques, como demonstram o Candomblé

Nagô-Vodum, o qual sintetiza costumes iorubás e jeje, e o Alaketu, de nação iorubá, também da região de Ketu, tendo como ancestrais da casa Otampé, Ojaró e Odé Akobí.

Primeiros terreiros

A primeira organização de culto aos Orixás foi a da Barroquinha (Salvador/BA), em 1830, semente do Ilê Axé Iya Nassô Oká, uma vez que foi capitaneada pela própria Iya Nassô, filha de uma escrava liberta que retornou à África.

Posteriormente, foi transferida para o Engenho Velho, onde ficou conhecida como Casa Branca ou Engenho Velho. Ainda no século XIX, dela originou-se o Candomblé do Gantois e, mais adiante, o Ilê Axé Opô Afonjá.

Entre 1797 e 1818, Nan Agotimé, rainha-mãe de Abomé, teria trazido o culto dos Voduns jejes para a Bahia, levando-os a seguir para São Luís (MA). Traços da presença daomeana teriam permanecido no Bogum, antigo terreiro jeje de Salvador, o qual ostenta, ainda, o vocábulo "malê", bastante curioso, uma vez que o termo refere-se ao negro do Islã. Antes mesmo do Bogum, há registros de um terreiro jeje, em 1829, no bairro hoje conhecido como Acupe de Brotas.

Tumbensi é a casa de Angola considerada a mais antiga da Bahia, fundada por Roberto Barros Reis (dijina: Tata Kimbanda Kinunga) por volta de 1850, escravo angolano de propriedade da família Barros Reis, que lhe emprestou o nome pelo qual era conhecido.

Após seu falecimento, a casa (inzo) passou à liderança de Maria Genoveva do Bonfim, mais conhecida como Maria

Neném (dijina: Mam´etu Tuenda UnZambi) gaúcha, filha de Kavungo, considerada a mais importante sacerdotisa do Candomblé Angola. Ela assumiu a chefia da casa por volta dos anos 1909, vindo a falecer em 1945.

Já o Tumba Junçara foi fundado, em 1919 em Acupe, na Rua Campo Grande, Santo Amaro da Purificação (BA) por dois irmãos de esteira: Manoel Rodrigues do Nascimento (dijina: Kambambe) e Manoel Ciríaco de Jesus (dijina: Ludyamungongo), ambos iniciados em 13 de junho de 1910 por Mam'etu Tuenda UnZambi, Mam'etu Riá N'Kisi do Tumbensi.

Kambambe e Ludyamungongo tiveram Sinhá Badá como Mãe Pequena e Tio Joaquim como Pai Pequeno. O Tumba Junçara foi transferido para Pitanga, também em Santo Amaro da Purificação, e posteriormente para o Beiru.

A seguir foi novamente transferido para a Ladeira do Pepino, 70, e finalmente para Ladeira da Vila América, 2, Travessa 30, Avenida Vasco da Gama (Que hoje se chama Vila Colombina.), 30, em Vasco da Gama, Salvador (BA). E assim a raiz foi-se espalhando.

O histórico das primeiras casas de Candomblé e outras formas de culto marginalizadas pelo poder constituído (Estado, classes economicamente dominantes, Igreja etc.), como a Umbanda no século XX, assemelha-se pela resistência à repressão institucionalizada e ao preconceito.

Umbanda

Em linhas gerais, etimologicamente, Umbanda é vocábulo que decorre do Umbundo e do Quimbundo, línguas africanas, com o significado de "arte de curandeiro", "ciência médica", "medicina". O termo passou a designar, genericamente, o sistema religioso que, dentre outros aspectos, assimilou elementos religiosos afro-brasileiros ao espiritismo urbano (Kardecismo).[1]

Quanto ao sentido espiritual e esotérico, Umbanda significa "luz divina" ou "conjunto das leis divinas". A magia branca praticada pela Umbanda remontaria, assim, a outras eras do planeta, sendo denominada pela palavra sagrada Aumpiram, transformada em Aumpram e, finalmente, Umbanda.

De qualquer maneira, houve quem tivesse anotado, durante a incorporação do Caboclo das Sete Encruzilhadas anunciando o nome da nova religião, o nome "Allabanda", substituído por "Aumbanda", em sânscrito, "Deus ao nosso lado." ou "O lado de Deus.".

A Umbanda, assim como o Candomblé, é religião, e não seita. "Seita" geralmente refere-se pejorativamente a grupos

---
1. Embora não seja consenso o uso do termo "Kardecismo" como sinônimo de "Espiritismo", ele é aqui empregado por ser mais facilmente compreendido.

de pessoas com práticas espirituais que destoam das ortodoxas. A Umbanda é uma religião constituída, com fundamentos, teologia própria, hierarquia, sacerdotes e sacramentos. Suas sessões são gratuitas, voltadas ao atendimento holístico (corpo, mente, espírito) e à prática da caridade (fraterna, espiritual, material), sem proselitismo. Em sua liturgia e em seus trabalhos espirituais vale-se do uso dos quatro elementos básicos: fogo, terra, ar e água.

É muito interessante fazer o estudo comparativo da utilização dos elementos, tanto por encarnados como pela Espiritualidade, na Umbanda, no Candomblé, no Xamanismo, na Wicca, no Espiritismo (Vide obra de André Luiz.), na Liturgia Católica (Leia-se o trabalho de Geoffrey Hodson, sacerdote católico liberal.) etc.

Este é um breve histórico do nascimento oficial da Umbanda, embora, antes da manifestação do Caboclo das Sete Encruzilhadas e do trabalho de Zélio Fernandino, houvesse atividades religiosas semelhantes ou próximas, no que se convencionou chamar de macumba[2].

No Astral, a Umbanda antecipa-se em muito ao ano de 1908 e diversos segmentos localizam sua origem terrena em civilizações e continentes que já desapareceram.

Zélio Fernandino de Moraes, um rapaz de 17 anos que se preparava para ingressar na Marinha, em 1908 começou a ter aquilo que a família, residente em Neves, no Rio de Janeiro, considerava ataques. Os supostos ataques colocavam o rapaz na postura de um velho, que parecia ter vivido em outra época e dizia coisas incompreensíveis para os familiares;

---

2.   O termo aqui não possui obviamente conotação negativa.

noutros momentos, Zélio parecia uma espécie de felino que demonstrava conhecer bem a natureza.

Após minucioso exame, o médico da família aconselhou que fosse ele atendido por um padre, uma vez que considerava o rapaz possuído. Um familiar achou melhor levá-lo a um centro espírita, o que realmente aconteceu: no dia 15 de novembro, Zélio foi convidado a tomar assento à mesa da sessão da Federação Espírita de Niterói, presidida à época por José de Souza.

Tomado por força alheia à sua vontade e infringindo o regulamento que proibia qualquer membro de ausentar-se da mesa, Zélio levantou-se e declarou: "Aqui está faltando uma flor.".

Deixou a sala, foi até o jardim e voltou com uma flor, que colocou no centro da mesa, o que provocou alvoroço. Na sequência dos trabalhos, manifestaram-se nos médiuns espíritos apresentando-se como negros escravos e índios.

O diretor dos trabalhos, então, alertou os espíritos sobre seu atraso espiritual, como se pensava comumente à época, e convidou-os a se retirarem. Novamente uma força tomou Zélio e advertiu: "Por que repelem a presença desses espíritos, se sequer se dignaram a ouvir suas mensagens? Será por causa de suas origens sociais e da cor?".

Durante o debate que se seguiu, procurou-se doutrinar o espírito, que demonstrava argumentação segura e sobriedade. Um médium vidente, então, lhe perguntou: "Por que o irmão fala nestes termos, pretendendo que a direção aceite a manifestação de espíritos que, pelo grau de cultura que tiveram, quando encarnados, são claramente atrasados? Por que fala deste modo, se estou vendo que me dirijo neste momento a um jesuíta e a sua veste branca reflete uma aura de luz? E qual o seu nome, irmão?".

Ao que o interpelado respondeu: "Se querem um nome, que seja este: sou o Caboclo das Sete Encruzilhadas, porque para mim, não haverá caminhos fechados. O que você vê em mim, são restos de uma existência anterior. Fui padre e o meu nome era Gabriel Malagrida. Acusado de bruxaria, fui sacrificado na fogueira da Inquisição em Lisboa, no ano de 1761. Mas em minha última existência física, Deus concedeu-me o privilégio de nascer como caboclo brasileiro.".

A respeito da missão que trazia da Espiritualidade, anunciou: "Se julgam atrasados os espíritos de pretos e índios, devo dizer que amanhã estarei na casa de meu aparelho, às 20 horas, para dar início a um culto em que estes irmãos poderão dar suas mensagens e, assim, cumprir a missão que o Plano Espiritual lhes confiou. Será uma religião que falará aos humildes, simbolizando a igualdade que deve existir entre todos os irmãos, encarnados e desencarnados.".

Com ironia, o médium vidente perguntou-lhe: "Julga o irmão que alguém irá assistir a seu culto?".

O Caboclo das Sete Encruzilhadas lhe respondeu: "Cada colina de Niterói atuará como porta-voz, anunciando o culto que amanhã iniciarei.". E concluiu: "Deus, em sua infinita Bondade, estabeleceu que na morte, a grande niveladora universal, rico ou pobre, poderoso ou humilde, todos se tornariam iguais, mas vocês, homens preconceituosos, não contentes em estabelecer diferenças entre os vivos, procuram levar essas mesmas diferenças até mesmo além da barreira da morte. Por que não podem nos visitar esses humildes trabalhadores do espaço, se apesar de não haverem sido

pessoas socialmente importantes na Terra, também trazem importantes mensagens do além?".

No dia seguinte, 16 de novembro, na casa da família de Zélio, à rua Floriano Peixoto, 30, perto das 20 horas, estavam os parentes mais próximos, amigos, vizinhos, membros da Federação Espírita e, fora da casa, uma multidão.

Às 20 horas manifestou-se o Caboclo das Sete Encruzilhadas e declarou o início do novo culto, no qual os espíritos de velhos escravos, que não encontravam campo de atuação em outros cultos africanistas, bem como de indígenas nativos do Brasil trabalhariam em prol dos irmãos encarnados, independentemente de cor, raça, condição social e credo.

No novo culto, encarnados e desencarnados atuariam motivados por princípios evangélicos e pela prática da caridade.

O Caboclo das Sete Encruzilhadas também estabeleceu as normas do novo culto: as sessões seriam das 20 horas às 22 horas, com atendimento gratuito e os participantes uniformizados de branco. Quanto ao nome, seria Umbanda: Manifestação do Espírito para a Caridade.

A casa que se fundava teria o nome de Nossa Senhora da Piedade, inspirada em Maria, que recebeu os filhos nos braços. Assim, a casa receberia todo aquele que necessitasse de ajuda e conforto. Após ditar as normas, o Caboclo respondeu a perguntas em latim e alemão formuladas por sacerdotes ali presentes. Iniciaram-se, então, os atendimentos, com diversas curas, inclusive a de um paralítico.

No mesmo dia, manifestou-se em Zélio um Preto-Velho chamado Pai Antônio, o mesmo que havia sido considerado efeito da suposta loucura do médium.

Com humildade e aparente timidez, recusava-se a sentar-se à mesa, com os presentes, argumentando: "Nêgo num senta não, meu sinhô, nêgo fica aqui mesmo. Isso é coisa de sinhô branco e nêgo deve arrespeitá.". Após insistência dos presentes, respondeu: "Num carece preocupá, não. Nêgo fica no toco, que é lugá de nêgo.".[3]

Continuou com palavras de humildade, quando alguém lhe perguntou se sentia falta de algo que havia deixado na Terra, ao que ele respondeu: "Minha cachimba. Nêgo qué o pito que deixou no toco. Manda mureque buscá.".

Solicitava, assim, pela primeira vez, um dos instrumentos de trabalho da nova religião. Também foi o primeiro a solicitar uma guia, até hoje usada pelos membros da Tenda, conhecida carinhosamente como Guia de Pai Antônio.

No dia seguinte, houve verdadeira romaria à casa da família de Zélio. Enfermos encontravam a cura, todos se sentiam confortados, médiuns até então considerados loucos encontravam terreno para desenvolver os dons mediúnicos.

O Caboclo das Sete Encruzilhadas dedicou-se, então, a esclarecer e divulgar a Umbanda, auxiliado diretamente por Pai Antônio e pelo Caboclo Orixá Malê, experiente na anulação de trabalhos de baixa magia.

No ano de 1918, o Caboclo das Sete Encruzilhadas recebeu ordens da Espiritualidade para fundar sete tendas, assim denominadas: Tenda Espírita Nossa Senhora da Guia, Tenda Espírita Nossa Senhora da Conceição, Tenda Espírita Santa Bárbara, Tenda Espírita São Pedro, Tenda Espírita Oxalá,

---

3. Certamente trata-se de um convite à humildade, e não de submissão e dominação racial.

Tenda Espírita São Jorge e Tenda Espírita São Jerônimo. Durante a encarnação de Zélio, a partir dessas primeiras tendas, foram fundadas outras 10 mil.

Mesmo não seguindo a carreira militar, pois o exercício da mediunidade não lhe permitira, Zélio nunca fez da missão espiritual uma profissão. Pelo contrário, chegava a contribuir financeiramente, com parte do salário, para as tendas fundadas pelo Caboclo das Sete Encruzilhadas, além de auxiliar os que se albergavam em sua casa. Também por conselho do Caboclo, não aceitava cheques e presentes.

Por determinação do Caboclo, a ritualística era simples: cânticos baixos e harmoniosos, sem palmas ou atabaques, sem adereços para a vestimenta branca e, sobretudo, sem corte (sacrifício de animais). A preparação do médium pautava-se pelo conhecimento da doutrina, com base no Evangelho, banhos de ervas, amacis e concentração nos pontos da natureza.

Com o tempo e a diversidade ritualística, outros elementos foram incorporados ao culto, no que tange ao toque, canto e palmas, às vestimentas e mesmo a casos de sacerdotes umbandistas que passaram a dedicar-se integralmente ao culto, cobrando, por exemplo, pelo jogo de búzios onde o mesmo é praticado, porém sem nunca deixar de atender àqueles que não podem pagar pelas consultas.

Mas as sessões permanecem públicas e gratuitas, pautadas pela caridade, pela doação dos médiuns. Algumas casas, por influência dos Cultos de Nação, praticam o corte, contudo essa é uma das maiores diferenças entre a Umbanda dita tradicional e as casas que se utilizam de tal prática.

Depois de 55 anos à frente da Tenda Nossa Senhora da Piedade, Zélio passou a direção para as filhas Zélia e Zilméa,

continuando, porém, a trabalhar juntamente com sua esposa, Isabel (médium do Caboclo Roxo), na Cabana de Pai Antônio, em Boca do Mato, em Cachoeira de Macacu, no Rio de Janeiro.

Zélio Fernandino de Moraes faleceu no dia 03 de outubro de 1975, após 66 anos dedicados à Umbanda, que muito lhe agradece.

Embora chamada popularmente de religião de matriz africana, na realidade, a Umbanda é um sistema religioso formado de diversas matrizes, com diversos elementos cada:

Matrizes	Elementos mais conhecidos
Africanismo	Culto aos Orixás, trazidos pelos negros escravos, em sua complexidade cultural, espiritual, medicinal, ecológica etc. e culto aos Pretos-Velhos.
Cristianismo	Uso de imagens, orações e símbolos católicos. A despeito de existir uma Teologia de Umbanda, própria e característica, algumas casas vão além do sincretismo, utilizando-se mesmo de dogmas católicos.[4]
Indianismo	Pajelança; emprego da sabedoria indígena ancestral em seus aspectos culturais, espirituais, medicinais, ecológicos etc.; culto aos caboclos indígenas ou de pena.

---

4. Há, por exemplo, casas de Umbanda com fundamentos teológicos próprios, enquanto outras rezam o terço com os mistérios baseados nos dogmas católicos e/ou se utilizam do Credo Católico, onde se afirma a fé na Igreja Católica (Conforme indicam Guias, Entidades e a própria etimologia, leia-se "católica" como "universal", isto é, a grande família humana.), na Comunhão dos Santos, na ressurreição da carne, dentre outros tópicos da fé católica. Isso em nada invalida a fé, o trabalho dos Orixás, das Entidades, das Egrégoras de Luz formadas pelo espírito, e não pela letra da recitação amorosa e com fé do Credo Católico.

Matrizes	Elementos mais conhecidos
Kardecismo	Estudo dos livros da Doutrina Espírita, bem como de sua vasta bibliografia; manifestação de determinados espíritos e suas Egrégoras, mais conhecidas no meio Espírita, como os médicos André Luiz e Bezerra de Menezes. Utilização de imagens e bustos de Allan Kardec, Bezerra de Menezes e outros; estudo sistemático da mediunidade; palestras públicas.
Orientalismo	Estudo, compreensão e aplicação de conceitos como prana, chacra e outros; culto à Linha Cigana – que em muitas casas vem, ainda, em linha independente, dissociada da chamada Linha do Oriente.

Por seu caráter ecumênico, de flexibilidade doutrinária e ritualística, a Umbanda é capaz de reunir elementos os mais diversos, como os sistematizados.

Mais adiante, ao se tratar das Linhas da Umbanda, veremos que esse movimento agregador é incessante: como a Umbanda permanece de portas abertas aos encarnados e aos espíritos das mais diversas origens étnicas e evolutivas, irmãos de várias religiões chegam aos seus templos em busca de saúde, paz e conforto espiritual, bem como outras falanges espirituais juntam-se à sua organização.

Aspectos da Teologia de Umbanda	
Monoteísmo	Crença num Deus único (Princípio Primeiro, Energia Primeira etc.), conhecido principalmente como Olorum (influência iorubá) ou Zâmbi (influência Angola).

Aspectos da Teologia de Umbanda

Crença nos Orixás	Divindades/ministros de Deus, ligadas a elementos e pontos de força da natureza, orientadores dos Guias e das Entidades, bem como dos encarnados.
Crença nos Anjos	Enquanto figuras sagradas (e não divinas) são vistas ou como seres especiais criados por Deus (Influência do Catolicismo.), ou como espíritos bastante evoluídos (Influência do Espiritismo/Kardecismo.).
Crença em Jesus Cristo	Vindo na Linha de Oxalá e, por vezes, confundido com o próprio Orixá, Jesus é visto ou como Filho Único e Salvador (Influência do Catolicismo/do Cristianismo mais tradicional.), ou como o mais evoluído dos espíritos que encarnaram no planeta, do qual, aliás, é governador (Influência do Espiritismo/Kardecismo.).
Crença na ação dos espíritos	Os espíritos, com as mais diversas vibrações, agem no plano físico. A conexão com eles está atrelada à vibração de cada indivíduo, razão pela qual é necessário estar sempre atento ao "Orai e vigiai." preconizado por Jesus.
Crença nos Guias e nas Entidades	Responsáveis pela orientação dos médiuns, dos terreiros, dos consulentes e outros, sua atuação é bastante ampla. Ao auxiliarem a evolução dos encarnados, colaboram com a própria evolução.
Crença na reencarnação	As sucessivas vidas contribuem para o aprendizado, o equilíbrio e a evolução de cada espírito.

Aspectos da Teologia de Umbanda

Crença na Lei de Ação e Reação	Tudo o que se planta, se colhe. A Lei de Ação e Reação é respaldada pelo princípio do livre-arbítrio.
Crença na mediunidade	Todos somos médiuns, com dons diversos (de incorporação, de firmeza, de intuição, de psicografia etc.).

Diversidade

Nas religiões de matriz africana há uma diversidade muito grande: do Candomblé para Umbanda; de casa da mesma religião para outra casa; de região para região; de qualidade de um Orixá para outra do mesmo Orixá etc.

Além disso, por razões históricas, culturais e de resistência e manutenção do culto, os adeptos precisaram (e precisam) se adaptar constantemente. Nem sempre, por exemplo, o que se fazia em África, ou na senzala, é feito, hoje, numa Casa de Santo.

Nada no culto aos Orixás é feito sem orientação direta da própria Espiritualidade ou dos dirigentes espirituais. Uma planta que serve para banho nem sempre serve para outra função. Existem as incompatibilidades e as particularidades de cada qualidade de Orixá. O nome de uma planta votiva pode mudar em outras regiões.

Enfim, as diversidades precisam ser respeitadas. Considerando-as como foco para a unidade; não se deve aventurar-se em qualquer prática sem a devida orientação, a fim de não haver choque energético. A sabedoria pressupõe humildade, diálogo e paciência.

Com diferenças de fundamentos, litúrgicas, culto e, consequentemente, na forma de se trabalhar as qualidades dos Orixás, Candomblé e Umbanda caminham juntos, lado a lado, como religiões irmãs. Ou assim deveria ser.

A fim de contribuir para o diálogo, vejam-se os textos seguintes.

Juntos somos mais fortes

É fato que as Religiões de Matriz Africana são alvo de preconceito, discriminação e intolerância, em vários níveis, por grande parte da sociedade. Contudo, o que mais fere e enfraquece é a desunião entre irmãos.

Enquanto umbandistas pensarem e declararem "Eu não gosto do Candomblé!" ou "Se o pessoal do Candomblé for, eu não vou..."; enquanto candomblecistas acreditarem e afirmarem "A Umbanda é fraquinha..." ou "Essas umbandinhas que estão por aí...", dificilmente caminharemos juntos sob o manto branco de Oxalá.

Dias desses ouvi alguém dizendo a um irmão de outra casa: "Embora não seja a forma de sincretismo como o Orixá é tratado em nossa casa, gostaria de parabenizar etc...". Ora, como posso ir ao encontro de um irmão iniciando meu gesto com um "embora" ou um "apesar de"? Onde está o respeito à diversidade? Essa inconsciência me lembrou da fala de um amigo reverendo anglicano, que comentava o quanto é triste ver irmãos católicos romanos presentes em ordenações de reverendas anglicanas negando-se a participar da mesa da comunhão.

Aceitar e respeitar a diversidade não significa perder a identidade.

Umbandistas e candomblecistas, se vivenciarmos o respeito entre nós, o amor e o diálogo cidadão e legal (em todos os sentidos) certamente se propagarão em outras esferas.

Juntos, somos mais fortes.

Sobre a expressão "Religiões de Matriz Africana"

Embora o mais comum seja referir-se hoje ao Candomblé, à Umbanda e a outras religiões similares como Religiões Tradicionais de Terreiro, ainda é bastante empregada a expressão Religiões de Matriz Africana, embora esta matriz não seja a única a constituir tais religiões.

Nesse sentido, é bastante esclarecedor o questionamento do professor Ildásio Tavares, em seu livro Xangô, da Editora Pallas (2008), no qual procura denominar as religiões de terreiro como jeje-nagôs-brasileiras, o que, pelo último termo, a meu ver, incluiria também a Nação Angola:

Os nomes que não nomeiam

Fala-se com muita segurança, empáfia (e até injúria) em religião negra, religião africana, religião afro-brasileira, ou culto, mais pejorativamente. Essa terminologia é facciosa, discriminatória, preconceituosa, redutiva e falsa. Auerbach dizia que os maus termos, em ciência, são mais danosos que as nuvens à navegação. Negro é um

termo que toma por parâmetro uma cor de pele que nem sequer é negra. Que seria religião negra? Aquela praticada por negros, apenas, ou aquela criada por negros e praticada por brancos, negros mulatos ou alguém com algum dos 514 tipos de cor achados no Brasil por Herskovits? Religião negra é um termo evidentemente racista quer usado pelos brancos para discriminar e inferiorizar o negro, quer usado pelo negro para se autodiscriminar defensivamente com uma reserva de domínio rácico e cultural.

Africano é absurdamente generalizante, na medida em que subsume uma extraordinária pluralidade e diversidade cultural em um rótulo simplista e unívoco. Nelson Mandela é frequentemente mencionado como um líder africano. Jamais alguém chamaria Adolf Hitler de um líder europeu ou de um líder branco apesar de este ser um defensor da superioridade dos arianos que não são necessariamente brancos, vez que a maioria dos judeus é de brancos, assim como os poloneses; e Hitler os tinha como inferiores, perniciosos e queria eliminá-los da face da Terra. Este rótulo redutivo lembra-me o episódio de nosso grotesco e absurdo presidente Jânio Quadros chamando o intelectual sergipano Raimundo de Souza Dantas, para ser embaixador do Brasil na África por ele ser de pele escura. Quando o perplexo Raimundo replicou: "Excelência, a África é um continente! Como posso ser embaixador do Brasil em um continente?" O burlesco presidente respondeu: "Não importa, o senhor vai ser embaixador do Brasil na África.". E foi. Sediado em Gana.

Este é o típico exemplo de absurdo brasileiro, de seu surrealismo de hospício que muitos adotam como postura científica, para empulhar os tolos, os ingênuos e os incautos, armadilha perpetrada por canalhas para capturar os obtusos, diria Rudyard Kipling ao deixar o colonialismo para definir o Super Homem.

O rótulo afro-brasileiro também é falacioso. Aprendi no curso primário que o povo brasileiro está composto basicamente de três etnias: a dos índios, vermelha; a dos europeus, branca, e a dos africanos, preta. Por definição, portanto, brasileiro é a combinação de índio, africano e europeu, branco, vermelho e preto em proporções variáveis, é claro. Já se disse, jocosamente, que as árvores genealógicas no Brasil (em sua maioria ginecológicas, matrilineares) ou dão no matou ou na cozinha, ou dão em índio ou em negro, para satirizar a falsa, a ansiada brancura de nosso povo que nem a importação de italianos e alemães conseguiu satisfazer, muito pelo contrário, eles é que escureceram, ao menos culturalmente, assim como os amarelos, haja vista a presença de babalorixás na Liberdade, São Paulo, no Paraná e em Santa Catarina, para não falar de Escolas de Samba de olhos oblíquos.

Ora, se brasileiro já quer dizer parte africano, afro-brasileiro é redundante. Resolvendo a equação, temos: $B = A + I + E$, ou seja, Brasileiro é igual a africano + índio + europeu. Logo AB (Afro-brasileiro) será igual a $A + AIB$ (Africano + Índio + Brasileiro). Tem africano demais nessa equação. Eliminando o termo igual, discriminaremos o Afro-brasileiro. A única solução é especificar a origem

cultural (ou etnográfica, se quiserem) da religião. Para mim seria adequado dizer-se religiões brasileiras de origem africana, índia ou judaico-europeias, todas nossas. Mas como seria longo demais e detesto siglas, prefiro falar religiões jeje-nagôs-brasileira. É mais adequado. Pode não ser preciso. Mas a precisão é um desiderato dos relógios suíços, dos mísseis, dos navios que não afundam e dos filósofos positivistas. Não tenho simpatia por nenhum dos quatro.

Oxóssi

Irmão de Exu e Ogum, filho de Oxalá e Iemanjá (ou, em outras lendas, de Apaoka, a jaqueira), rei de Ketu, Orixá da caça e da fartura.

Associado ao frio, à noite e à lua, suas plantas são refrescantes. Ligado à floresta, à árvore, aos antepassados, Oxóssi, enquanto caçador, ensina o equilíbrio ecológico, e não o aspecto predatório da relação do homem com a natureza, a concentração, a determinação e a paciência necessárias para a vida ao ar livre.

Rege a lavoura e a agricultura.

Na Umbanda, de modo geral, amalgamou-se ao Orixá Ossaim no que toca aos aspectos medicinais, espirituais e ritualísticos das folhas e plantas.

Como no Brasil a figura mítica do indígena habitante da floresta é bastante forte, a representação de Oxóssi, por vezes, aproxima-se mais do índio do que do negro africano.

Não à toa, Oxóssi rege a Linha dos Caboclos, e o Candomblé; em muitos Ilês, abriu-se para o culto aos Caboclos, de maneira explícita, ou mesmo camuflada, para não desagradar aos mais tradicionalistas.

No âmbito espiritual, Oxóssi caça os espíritos perdidos, buscando trazê-los para a Luz. Sábio mestre e professor,

representa a sabedoria e o conhecimento espiritual, com os quais alimenta os filhos, fortificando-os na fé.

Os Inquices são divindades dos cultos de origem banta. Correspondem aos Orixás iorubanos e da Nação Ketu. Dessa forma, por paralelismo, os Inquices, em conversas do povo-de-santo aparecem como sinônimos de Orixás.

Também entre o povo-de-santo, quando se usa o termo Inquice, geralmente se refere aos Inquices masculinos, ao passo que Inquice Amê refere-se aos Inquices femininos.

O vocábulo Inquice vem do quimbundo *Nksi* (plural: *Mikisi*), significando "Energia Divina".

Ngunzu, Inquice dos caçadores de animais, pastores, criadores de gado e dos que vivem embrenhados nas profundezas das matas, dominando as partes onde o sol não penetra é associado com Oxóssi.

Também Kabila, o caçador e pastor. Aquele que cuida dos rebanhos da floresta. Mutalambô, Lambaranguange ou Kibuco Mutolombo, caçador, vive em florestas e montanhas. Inquice da fartura, da comida abundante. Senhor das partes mais profundas e densas das florestas, onde o Sol não alcança o solo por não penetrar pela copa das árvores.

Vodum é divindade do povo Fon (antigo Daomé). Refere-se tanto aos ancestrais míticos quanto aos ancestrais históricos. No cotidiano dos terreiros, por paralelismo, o vocábulo é empregado também como sinônimo de Orixá (É bastante evidente a semelhança de características entre os mais conhecidos Orixás, Inquices e Voduns). "Vodum" é a forma aportuguesada de "vôdoun".

Ji-vodun   Voduns do alto, chefiados por Sô (Heviossô).

Ayi-vodun	Voduns da terra, chefiados por Sakpatá.
Tô-vodun	Voduns próprios de determinada localidade. Diversos.
Henu-vodun	Voduns cultuados por certos clãs que se consideram seus descendentes. Diversos.

Mawu (gênero feminino) é o Ser Supremo dos povos Ewe e Fon, que criou a Terra, os seres vivos e os voduns. Mawu associa-se a Lissá (gênero masculino), também responsável pela criação, e os voduns são filhos e descendentes de ambos. A divindade dupla Mawu-Lissá é chamada de Dadá Segbô (Grande Pai Espírito Vital).

Agué, Vodum da caça e protetor das florestas, faz paralelismo com o Orixá Oxóssi ou com o Orixá Ossaim.

Irmãos de Oxóssi (Teogonia/Teologia/Mitologia)

Exu

Conhecido pelos Fons como Legba ou Legbara, o Exu iorubano é Orixá bastante controvertido e de difícil compreensão, o que, certamente, o levou a ser identificado com o Diabo cristão.

Responsável pelo transporte das oferendas aos Orixás e também pela comunicação dos mesmos, é, portanto, seu intermediário. Como reza o antigo provérbio: "Sem Exu não se faz nada.".

Seu arquétipo é o daquele que questiona as regras, para quem nem sempre o certo é certo, ou o errado, errado.

Assemelha-se bastante ao Trickster dos indígenas norte-americanos. Seus altares e símbolos são fálicos, pois representa a energia criadora e o vigor da sexualidade.

Responsável por vigiar e guardar as passagens, é aquele que abre e fecha os caminhos. Ajuda a encontrar meios para o progresso além da segurança do lar e protege contra os mais diversos perigos e inimigos.

De modo geral, o Orixá Exu não é diretamente cultuado na Umbanda, mas sim os Guardiões (Exus) e Guardiãs (Pombogiras).

Ogum

Filho de Iemanjá, irmão de Exu e Oxóssi, deu a este último suas armas de caçador.

Orixá do sangue que sustenta o corpo, da espada, da forja e do ferro, é padroeiro daqueles que manejam ferramentas, tais como barbeiros, ferreiros, maquinistas de trem, mecânicos, motoristas de caminhão, soldados e outros.

Patrono dos conhecimentos práticos e da tecnologia, simboliza a ação criadora do homem sobre a natureza, a inovação e a abertura de caminhos em geral.

Foi casado com Iansã e posteriormente com Oxum, entretanto vive só, pelas estradas, lutando e abrindo caminhos.

Senhor dos caminhos (Isto é, das ligações entre lugares, enquanto Exu é o dono das encruzilhadas, do tráfego em si.) e das estradas de ferro, protege, ainda, as portas de casas e templos.

Sendo senhor da faca, no Candomblé, suas oferendas rituais vêm logo após as de Exu. Vale lembrar que, tradicionalmente, o Ogã de faca, responsável pelo corte (sacrifício animal), chamado Axogum, deve ser filho de Ogum.

Responsável pela aplicação da Lei, é vigilante, marcial, atento.

Na Umbanda, Ogum é o responsável maior pela vitória contra demandas (energias deletérias) enviadas contra alguém, uma casa religiosa etc.

Sincretizado com São Jorge, assume a forma mais popular de devoção, por meio de orações, preces, festas e músicas diversas a ele dedicadas.

Ossaim

Dada a relação entre Oxóssi e o verde das matas, cujas folhas possuem propriedades específicas, seguem algumas informações sobre Ossaim.

Orixá das plantas e das folhas, presentes nas mais diversas manifestações do culto aos Orixás, é, portanto, fundamental. Célebre provérbio dos terreiros afirma "Ko si ewé, ko si Orisà.", o que, em tradução livre do iorubá significa "Sem folhas não há Orixá.".

Em algumas casas é cultuado como iabá (Orixá feminino). Alguns segmentos umbandistas trabalham com Ossaim, enquanto elemento masculino, e Ossanha, como elemento feminino.

Juntamente com Oxóssi, rege as florestas e é senhor dos segredos medicinais e magísticos do verde.

Representa a sabedoria milenar pré-civilizatória, a relação simbiótica do homem com a natureza, em especial com o verde.

Seja na Umbanda, onde na maioria das casas seu culto foi amalgamado ao de Oxóssi e dos Caboclos e Caboclas, no Candomblé, onde a figura do Babalossaim e do Mão-de-Ofá representaria uma estudo à parte, ou em outra forma de culto aos Orixás, o trato com as plantas e folhas é de extrema importância para a os rituais, a circulação de Axé e a saúde (física, psicológica e espiritual) de todos.

Caboclos

A Umbanda possui diversas linhas, todas de suma importância, contudo seu tripé (base) é formado pelos Caboclos, pelos Pretos-Velhos e pelas Crianças. Na Umbanda, Oxóssi é o regente maior dos Caboclos.

Também conhecidos como Caboclos de Pena, formam verdadeiras aldeias e tribos no Astral, representados simbolicamente pela cidade da Jurema, pelo Humaitá e outros.

Existem falanges e especialidades diversas, como as de caçadores, feiticeiros, justiceiros, agricultores, rezadores, parteiras e outras, sempre a serviço da Luz, na linha de Oxóssi e na vibração de diversos Orixás.

A cor característica dos Caboclos é o verde leitoso, enquanto a das Caboclas é o verde transparente. Seu principal ponto de força são as matas.

Nessa roupagem e pelas múltiplas experiências que possuem (encarnações como cientistas, médicos, pesquisadores e outros), geralmente são escolhidos por Oxalá para serem os guias-chefe dos médiuns, representando o Orixá de cabeça do médium de Umbanda (em alguns casos, os Pretos-Velhos é que assumem tal função).

Na maioria dos casos, portanto, os Caboclos vêm na irradiação do Orixá masculino da coroa do médium, enquanto as Caboclas, na irradiação do Orixá feminino da coroa mediúnica. Todavia, os Caboclos também podem vir na irradiação do próprio Orixá de quando estava encarnado, ou na do Povo do Oriente.

Atuam em diversas áreas e em várias tradições espirituais e/ou religiosas, como no chamado Espiritismo Kardecista ou de Mesa Branca.

Simples e determinados, infundem luz e energia em todos. Representam o conhecimento e a sabedoria que vêm da terra, da natureza, comumente desprezado pela civilização, a qual, paradoxalmente, parece redescobri-los.

Também nos lembram a importância do elemento indígena em nossa cultura, a miscigenação de nosso povo e que a Umbanda sempre está de portas abertas para todo aquele, encarnado ou desencarnado, que a procurar.

Os brados dos Caboclos possuem grande força vibratória, além de representarem verdadeiras senhas de identificação entre eles, que ainda se cumprimentam e se abraçam enquanto emitem esses sons.

Brados e assobios são verdadeiros mantras que ajudam na limpeza e no equilíbrio de ambientes, pessoas etc.

O mesmo vale para o estalar de dedos, uma vez que as mãos possuem muitíssimos terminais nervosos: os estalos de dedos se dão sobre o chamado Monte de Vênus (porção mais gordinha da mão), descarregando energias deletérias e potencializando as energias positivas, de modo a promover o reequilíbrio.

Caboclos de Iansã	Trabalham para várias finalidades, mas especialmente para emprego e prosperidade, pelo fato de Iansã ter forte ligação com Xangô. Bastante conhecidos pelo passe de dispersão (descarrego). Rápidos e de grande movimentação (deslocamento), são diretos no falar, por vezes causando surpresa no interlocutor.

Caboclos de Iemanjá	Rodam bastante, incorporam com suavidade, contudo mais rápido do que os Caboclos de Oxum. São mais conhecidos por desmanchar trabalhos, aplicar passes, fazer limpeza espiritual, encaminhando para o mar as energias deletérias.
Caboclos de Nanã	De incorporação contida, dançam pouco. Por meio dos passes, encaminham espíritos com baixa vibração. Aconselham bastante, explanando sobre carma e resignação. Esses Caboclos são raros.
Caboclos de Obaluaê	Raro é vê-los trabalhando incorporados, e quando isso acontece, seus médiuns têm Obaluaê como Orixá de cabeça. Trata-se de velhos pajés. Movimentam-se pouco. Sua incorporação parece-se bastante com a de um Preto-Velho (alguns desses Caboclos utilizam-se de cajados para caminhar). Atuam em campos diversos da magia.
Caboclos de Ogum	Com incorporação rápida e mais afeita ao chão, não costumam rodar. Suas consultas são diretas. Conhecidos pelos trabalhos no campo profissional, seus passes geralmente são destinados a doar força física e aumentar o ânimo do consulente.
Caboclos de Oxalá	Mais conhecidos por dirigir os demais Caboclos, deslocam-se pouco, mantendo-se fixados em determinado ponto do terreiro. Mais conhecidos pelos passes de energização, raramente dão consulta.
Caboclos de Oxóssi	Rápidos, locomovem-se bastante e dançam muito. Geralmente chefes de Linha, atuam em diversas áreas, em especial com banhos e defumadores.

Caboclos de Oxum	A incorporação se dá principalmente pelo chacra cardíaco. Gostam de rodar e são comumente suaves. Concentram-se tanto nos passes de dispersão quanto nos de energização, com ênfase no alívio emocional do consulente, são conhecidos por lidar com depressão, desânimos e outros desequilíbrios psíquicos. Suas consultas geralmente levam o consulente a refletir bastante.
Caboclos de Xangô	Com incorporações rápidas e contidas, costumam arriar seus médiuns no chão. Diretos na fala aos consulentes, atuam bastante com passes de dispersão. Principais áreas de atuação: emprego e realização profissional, causas judiciais e imóveis.

Linha de Oxóssi (Umbanda)

Fala, passes, trabalhos e conselhos: tudo é sereno, seguro e forte nas entidades regidas por Oxóssi, o Caçador das Almas.

Seus pontos cantados evocam a natureza e sua espiritualidade, notadamente a das matas.

Sete chefes de legião da vibração espiritual de Oxossi
(Esta forma de apresentação da Espiritualidade, como as demais, não é fixa e necessariamente comum a todas as casas)

Caboclo Arranca-Toco	Representante da vibração espiritual.
Caboclo Arariboia	Intermediário para Ogum.
Caboclo Arruda	Intermediário para Oxalá.
Caboclo Cobra Coral	Intermediário para Xangô.
Caboclo Tupinambá	Intermediário para Yorimá.
Cabocla Jurema	Intermediário para Yori.
Caboclo Pena Branca	Intermediário para Iemanjá.

A roupagem fluídica é a forma de apresentação de seres espirituais. Quando se tratam de espíritos que encarnaram, geralmente se utilizam de roupagem fluídica de uma de suas encarnações. A esse respeito, veja-se o caso do Caboclo das Sete Encruzilhadas, que, em sua primeira comunicação pública foi visto como um sacerdote por um dos médiuns, de fato também uma de suas encarnações.

O senso comum afirma que Caboclos e Pretos-Velhos não incorporam em centros espíritas. Na verdade, "baixam" e com roupagens fluídicas diversas.

Vale lembrar que a Umbanda nasceu "oficialmente" a partir da rejeição de Caboclos e Pretos-Velhos em mesas mediúnicas espíritas. De qualquer forma, com a ampliação do diálogo ecumênico e inter-religioso e, portanto, da fraternidade entre encarnados, têm ocorrido mais manifestações mediúnicas de Caboclos e Pretos-Velhos em casas espíritas.

A respeito da roupagem fluídica, interessante exemplificar com textos de Feraudy e Pires. No primeiro caso, o autor trata da pluralidade de roupagens fluídicas e de um fenômeno imediato de substituição duma por outra. No segundo caso, de maneira romanceada, apresenta-se a roupagem de um Caboclo.

Roger Feraudy registra:

> [...] mostrando que não existe a menor diferença entre o trabalho mediúnico de Umbanda e Kardecismo, o autor participou, anos atrás, de um trabalho que veio a confirmar essa assertiva.
>
> Seus vizinhos na cidade do Rio de Janeiro trabalhavam em um centro de Umbanda, Tenda Mirim, ela como médium e seu marido como cambono. Em determinado dia, sua

filha única, então com quatro anos de idade, teve uma febre altíssima. Depois de chamarem um médico, que não soube diagnosticar a origem dessa febre e como aumentava progressivamente, o marido pediu à mulher que recebesse o seu guia espiritual, caboclo Mata Virgem, chamando-me para auxiliar nesse trabalho. O caboclo Mata Virgem apresentou-se e mandou que o marido do seu aparelho tomasse nota de cinco ervas para fazer um chá que, segundo a entidade, resolveria o problema.

    O vizinho, então, ponderou:

    – Acredito que o senhor seja o seu Mata Virgem e que o chá irá curar a minha filha; porém, na Terra existem leis a que tenho que prestar contas. Sei que isso não acontecerá, mas se minha filha não ficar boa com seu chá ou mesmo morrer, o que direi às autoridades: que foi seu Mata Virgem quem mandou a menina tomar o chá?!?

    O caboclo atirou o charuto que fumava no chão, adotou uma posição ereta e, calmo, disse em linguagem escorreita:

    – Dê o chá que estou mandando – e elevando a voz –, doutor Bezerra de Menezes!

Por sua vez, em "A missionária", romance mediúnico intuído por Roger Pires, o narrador observa:

    [...] Nesse exato momento, enxergou as três figuras ao lado da cama. Eram Jeremias e Melissa, postados próximos à cabeceira da doente, tendo estendidos, sobre ela, os braços. De suas mãos fluía uma radiosidade que se espalhava por todo o corpo de Priscilla. A terceira figura era um 'índio' imponente, de uma estatura incomum, o rosto largo, a pele bronzeada, os olhos grandes e negros. Tinha na cabeça um

cocar majestoso, cujas penas se estendiam até os tornozelos. A energia que dele emanava enchia o quarto. Fascinada com o quadro, no geral, Jéssica viu o 'índio' deslocar-se do lado dos outros e colocar-se aos pés da cama, o olhar manso, mas firme fixo na doente.

O Caboclo das Sete Encruzilhadas

Gravação feita em 1971 por Lila Ribeiro, diretora da Tenda de Umbanda Luz, Esperança, Fraternidade (TULEF), do Rio de Janeiro.

A Umbanda tem progredido e vai progredir. É preciso haver sinceridade, honestidade e eu previno sempre aos companheiros de muitos anos: a vil moeda vai prejudicar a Umbanda; médiuns que irão se vender e que serão, mais tarde, expulsos, como Jesus expulsou os vendilhões do templo. O perigo do médium homem é a consulente mulher; do médium mulher é o consulente homem[5]. É preciso estar sempre de prevenção, porque os próprios obsessores que procuram atacar as nossas casas fazem com que toque alguma coisa no coração da mulher que fala ao pai de terreiro, como no coração do homem que fala à mãe de terreiro. É preciso haver muita moral para que a Umbanda progrida, seja forte e coesa. Umbanda é humildade, amor e caridade – esta a nossa bandeira. Neste momento, meus irmãos, me rodeiam

---

5. Obviamente o recado não tem cunho moralista nem se restringe à atração heterossexual.

diversos espíritos que trabalham na Umbanda do Brasil: Caboclos de Oxóssi, de Ogum, de Xangô. Eu, porém, sou da falange de Oxóssi, meu pai, e não vim por acaso, trouxe uma ordem, uma missão. Meus irmãos: sejam humildes, tenham amor no coração, amor de irmão para irmão, porque vossas mediunidades ficarão mais puras, servindo aos espíritos superiores que venham a baixar entre vós; é preciso que os aparelhos estejam sempre limpos, os instrumentos afinados com as virtudes que Jesus pregou aqui na Terra, para que tenhamos boas comunicações e proteção para aqueles que vêm em busca de socorro nas casas de Umbanda. Meus irmãos: meu aparelho já está velho, com 80 anos a fazer, mas começou antes dos 18. Posso dizer que o ajudei a casar, para que não estivesse a dar cabeçadas, para que fosse um médium aproveitável e que, pela sua mediunidade, eu pudesse implantar a nossa Umbanda. A maior parte dos que trabalham na Umbanda, se não passaram por esta Tenda, passaram pelas que saíram desta Casa. Tenho uma coisa a vos pedir: se Jesus veio ao planeta Terra na humildade de uma manjedoura, não foi por acaso. Assim o Pai determinou. Podia ter procurado a casa de um potentado da época, mas foi escolher aquela que havia de ser sua mãe, este espírito que viria traçar à humanidade os passos para obter paz, saúde e felicidade. Que o nascimento de Jesus, a humildade que Ele baixou à Terra, sirvam de exemplos, iluminando os vossos espíritos, tirando os escuros de maldade por pensamento ou práticas; que Deus perdoe as maldades que possam ter sido pensadas, para que a paz possa reinar em vossos corações e nos vossos lares.

Fechai os olhos para a casa do vizinho; fechai a boca para não murmurar contra quem quer que seja; não julgueis para não serdes julgados; acreditai em Deus e a paz entrará em vosso lar. É dos Evangelhos. Eu, meus irmãos, como o menor espírito que baixou à Terra, mas amigo de todos, numa concentração perfeita dos companheiros que me rodeiam neste momento, peço que eles sintam a necessidade de cada um de vós e que, ao sairdes deste templo de caridade, encontreis os caminhos abertos, vossos enfermos melhorados e curados, e a saúde para sempre em vossa matéria. Com um voto de paz, saúde e felicidade, com humildade, amor e caridade, sou e sempre serei o humilde Caboclo das Sete Encruzilhadas.

Depoimento do escritor Leal de Souza sobre o Caboclo das Sete Encruzilhadas

Se alguma vez tenho estado em contato consciente com algum espírito de luz, esse espírito é, sem dúvida, aquele que se apresenta sob o aspecto agreste, e o nome bárbaro de Caboclo das Sete Encruzilhadas.

Sentindo-o ao nosso lado, pelo bem-estar espiritual que nos envolve, pressentimos a grandeza infinita de Deus, e, guiados pela sua proteção, recebemos e suportamos os sofrimentos com uma serenidade quase ingênua, comparável ao enlevo das crianças, nas estampas sacras, contemplando, da beira do abismo, sob as asas de um anjo, as estrelas no céu.

O Caboclo das Sete Encruzilhadas pertence à falange de Ogum, e, sob a irradiação da Virgem Maria, desempenha uma missão ordenada por Jesus. O seu ponto emblemático representa uma flecha atravessando um coração, de baixo

para cima; a flecha significa direção, o coração sentimento, e o conjunto significam orientação dos sentimentos para o alto, para Deus.

Estava esse espírito no espaço, no ponto de intersecção de sete caminhos, chorando sem saber o rumo que tomasse, quando lhe apareceu, na sua inefável doçura, Jesus, e mostrando-lhe numa região da terra, as tragédias da dor e os dramas da paixão humana, indicou-lhe o caminho a seguir, como missionário do consolo e da redenção. E em lembrança desse incomparável minuto de sua eternidade, e para se colocar ao nível dos trabalhadores mais humildes, o mensageiro de Cristo tirou o seu nome do número dos caminhos que o desorientavam, e ficou sendo o Caboclo das Sete Encruzilhadas.

Iniciou assim, a sua cruzada, vencendo, na ordem material, obstáculos que se renovam quando vencidos, e dos quais o maior é a qualidade das pedras com que se deve construir o novo templo. Entre a humildade e doçura extremas, a sua piedade se derrama sobre quantos o procuram, e não poucas vezes, escorrendo pela face do médium, as suas lágrimas expressam a sua tristeza, diante dessas provas inevitáveis a que as criaturas não podem fugir.

A sua sabedoria se avizinha da onisciência. O seu profundíssimo conhecimento da Bíblia e das obras dos doutores da Igreja autorizam a suposição de que ele, em alguma encarnação, tenha sido sacerdote, porém, a medicina não lhe é mais estranha do que a teologia.

Acidentalmente, o seu saber se revela. Uma ocasião, para justificar uma falta, por esquecimento, de um de seus auxiliares humanos, explicou, minucioso, o processo de

renovação das células cerebrais, descreveu os instrumentos que servem para observá-las, e contou numerosos casos de fenômenos que as atingiram e como foram tratados na grande guerra deflagrada em 1914. Também, para fazer os seus discípulos compreenderem o mecanismo, se assim posso expressar-me, dos sentimentos explicou a teoria das vibrações e a dos fluídos, e numa ascensão gradativa, na mais singela das linguagens, ensinou a homens de cultura desigual as transcendentes leis astronômicas. De outra feita, respondendo a consulta de um espírito que é capitalista em São Paulo e representa interesses europeus, produziu um estudo admirável da situação financeira criada para a França, pela quebra do padrão ouro na Inglaterra.

A linguagem do Caboclo das Sete Encruzilhadas varia, de acordo com a mentalidade de seus auditórios. Ora chã, ora simples, sem um atavio, ora fulgurante nos arrojos da alta eloquência, nunca desce tanto, que se abastarde, nem se eleva demais, que se torne inacessível.

A sua paciência de mestre é, como a sua tolerância de chefe, ilimitada. Leva anos a repetir, em todos os tons, através de parábolas, por meio de narrativas, o mesmo conselho, a mesma lição, até que o discípulo, depois de tê-la compreendido, comece a praticá-la.

A sua sensibilidade, ou perceptibilidade é rápida, surpreendendo. Resolvi, certa vez, explicar os Dez Mandamentos da Lei de Deus aos meus companheiros, e, à tarde, quando me lembrei da reunião da noite, procurei, concentrando-me, comunicar-me com o missionário de Jesus, pedindo-lhe uma sugestão, uma ideia, pois não sabia como discorrer sobre o mandamento primeiro: Ao chegar à

Tenda, encontrei o seu médium, que viera apressadamente das Neves, no município de São Gonçalo, por uma ordem recebida à última hora, e o Caboclo das Sete Encruzilhadas baixando em nossa reunião, discorreu espontaneamente sobre aquele mandamento, e, concluindo, disse-me: Agora, nas outras reuniões, podeis explicar aos outros, como é vosso desejo.

E esse caso se repetiu: – Havia necessidade de falar sobre as Sete Linhas de Umbanda, e, incerto sobre a de Xangô, implorei mentalmente, o auxílio desse espírito, e de novo o seu médium, por ordem de última hora, compareceu à nossa reunião, onde o grande guia esclareceu, numa alocução transparente, as nossas dúvidas sobre essa linha.

A primeira vez em que os videntes o vislumbraram, no início de sua missão, o Caboclo das Sete Encruzilhadas se apresentou como um homem de meia idade, a pele bronzeada, vestindo uma túnica branca, atravessada por uma faixa onde brilhava, em letras de luz, a palavra "CÁRITAS". Depois, e por muito tempo, só se mostrava como caboclo, utilizando tanga de plumas, e mais atributos dos pajés silvícolas. Passou, mais tarde, a ser visível na alvura de sua túnica primitiva, mas há anos acreditamos que só em algumas circunstâncias se reveste de forma corpórea, pois os videntes não o veem, e quando a nossa sensibilidade e outros guias assinalam a sua presença, fulge no ar uma vibração azul e uma claridade dessa cor paira no ambiente.

Para dar desempenho à sua missão na Terra, o Caboclo das Sete Encruzilhadas fundou quatro Tendas em Niterói e nesta cidade, e outras fora das duas capitais, todas da Linha Branca de Umbanda e Demanda.

Candomblé de Caboclo

Modalidade de Candomblé que também trabalha com Caboclos. Durante algum tempo (e ainda hoje, em algumas casas), a participação dos Caboclos é velada, de modo a preservar a "pureza" ritual do Candomblé.

Em determinadas casas, além dos chamados Caboclos de Pena, também trabalham os popularmente chamados Caboclos Boiadeiros, ou simplesmente Boiadeiros.

Cores

As principais são verde (Umbanda e Candomblé) e azul celeste claro (Candomblé).

Símbolos

Quando se tratam de Orixás, símbolos não são apenas símbolos. Por exemplo, o símbolo de um Orixá num ponto riscado abre dimensões para o trabalho espiritual.

O mesmo se dá com as ferramentas de Orixás: quando Iemanjá dança num barracão e utiliza seu abebê, estão sendo cortadas energias deletérias e disseminados os Axés dos Orixás.

Ofá

Arco e flecha. Símbolo do caçador.

Iruquerê

Símbolo da realeza de Oxóssi, o iruquerê, à maneira de mata-moscas, é feito de pelos de rabo de boi, em cabo de madeira ou metal. O vocábulo deriva do iorubá "ìrùkèrè", que se refere à insígnia de poder real e sacerdotal.

Saudações

Okê Arô! ou Okê Arô, Oxóssi!: significa "Salve o rei, que fala mais alto!".

Okê, Caboclo(a)! ou Okê Bamboclim! Significa "Salve, Caboclo(a)!".

Dia da semana

Quinta-feira.

Tarô

No Tarô dos Orixás de Eneida Duarte Gaspar, Oxóssi é associado à carta VI do Tarô de Marselha, O Enamorado: À esquerda, a mãe aponta para os genitais. À direita, a amada aponta para o coração. O Enamorado olha para a esquerda. No meio, Cupido arma uma flecha (ao fundo, há o fogo lunar). Na figura central, predominam as listras, portanto não há cores dominantes (indecisão). Na figura da esquerda, predomina a cor vermelha, enquanto na da direita, a cor azul se destaca. Observem-se, ainda, a cor do chão aos pés da figura central e a direção da flecha.

Significado básico de O Enamorado: Necessidade de decisões e de escolhas responsáveis. Escolha de relacionamento. Desejo e simpatia benevolentes. Casamento.

Significado oposto de O Enamorado: Irresponsabilidade. Vícios. Hipocrisia. Indecisão.

No Tarô dos Orixás, conforme a própria Eneida Duarte Gaspar,

> (...) é chegada a hora de buscar forças dentro de si mesmo para assumir a responsabilidade pelas próprias decisões e pelo resultado de seus atos. (...) é preciso lucidez e coragem para romper com tudo que puxa para trás, levando em conta que nem sempre o caminho mais fácil dá os melhores resultados, e que tudo que é deixado para trás muito cedo deverá ser retomado adiante. (p. 9)

Obviamente as lâminas ou cartas apresentam-se com significado mais profundo durante a leitura, em especial conforme a posição que assumem no jogo e com relação às outras cartas.

Sincretismo

(...)
Quando os povos d'África chegaram aqui
Não tinham liberdade de religião.
Adotaram o Senhor do Bonfim:
Tanto resistência, quanto rendição.

Quando, hoje, alguns preferem condenar
O sincretismo e a miscigenação,
Parece que o fazem por ignorar
Os modos caprichosos da paixão.

Paixão que habita o coração da natureza-mãe
E que desloca a história em suas mutações,
Que explica o fato de Branca de Neve amar
Não a um, mas a todos os Sete Anões.
(...)

(Gilberto Gil)

A senzala foi um agregador do povo africano. Escravos muitas vezes apartados de suas famílias e divididos propositadamente em grupos culturais e linguisticamente diferentes – por vezes antagônicos, para evitar rebeliões –, organizaram-se de modo a criar uma pequena África, o que posteriormente se refletiu nos terreiros de Candomblé, onde Orixás procedentes de regiões e clãs diversos passaram a ser cultuados numa mesma casa religiosa.

Entretanto, o culto aos Orixás era velado, uma vez que a elite branca católica considerava as expressões de espiritualidade e fé dos africanos e seus descendentes como associada ao mal, ao Diabo cristão, caracterizando-a pejorativamente de primitiva.

Para manter sua liberdade de culto, ainda que restrita ao ambiente da senzala, ou, de modo escondido, nos pontos de força da natureza ligados a cada Orixá, os escravizados recorreram ao sincretismo religioso, associando cada Orixá a um santo católico. Tal associação também apresenta caráter plural e continuou ao longo dos séculos, daí a diversidade de associações sincréticas.

Hoje, por um lado, há um movimento de "reafricanização" do Candomblé, dissociando os Orixás dos santos católicos; por outro lado, muitas casas ainda mantêm o sincretismo, e muitos zeladores-de-santo declaram-se católicos.

No caso da Umbanda, algumas casas, por exemplo, não se utilizam de imagens de santos católicos, representando os Orixás em sua materialidade por meio dos otás, entretanto, a maioria ainda se vale de imagens católicas, entendendo o sincretismo como ponto de convergência de diversas matrizes espirituais.

De certa forma, o sincretismo também foi chancelado pelo fato de popularmente Orixá passar a ser conhecido como "Santo" (Orixá de energia masculina/pai/aborô.) ou "Santa" (Orixá de energia feminina/mãe/iabá.), o que reforça a associação e correspondência com os santos católicos, seres humanos que, conforme a doutrina e os dogmas católicos, teriam se destacado por sua fé ou seu comportamento.

Energia masculina e energia feminina de cada Orixá não têm necessariamente relação com gênero e sexualidade tal qual conhecemos e vivenciamos, tanto que, em Cuba, Xangô é sincretizado com Santa Bárbara.

Ainda sobre o vocábulo "Santo" como sinônimo de Orixá, as traduções mais próximas para os termos *babalóòrisá* e *ìyálorìsa* seriam pai ou mãe-**no**-santo, contudo o uso popular consagrou pai ou mãe-**de**-santo. Para evitar equívocos conceituais e/ou teológicos, alguns sacerdotes utilizam-se do termo zelador ou zeladora-de-santo.

Em célebre entrevista concedida ao jornal "A Tarde", em 24 de junho de 2001, o zelador-de-santo Agenor Miranda trata de diversos temas que apareceram em entrevistas anteriores.

Duas perguntas tratam de sincretismo e devoção a santos católicos. As mesmas declarações a respeito do sincretismo no Candomblé poderiam, certamente, ser aplicadas ao sincretismo na Umbanda.

P – Na Bahia do Senhor do Bonfim, o sincretismo religioso está muito presente. Qual a sua opinião sobre o sincretismo, considerando que o senhor é um zelador-de-santo, filho de pais católicos?

R – Não há crime nenhum no sincretismo, porque, se não fosse o sincretismo, não haveria candomblé hoje. Essa é que é a verdade. As mães-de-santo e os pais-de-santo não querem o sincretismo. Mas tem que haver. Se não fosse o sincretismo, como é que o candomblé iria sobreviver até hoje? Teria morrido. Agora, eles não gostam quando eu falo isso. Mas eu falo o que sinto. Não falo pelos outros, falo por mim.

P – O senhor é devoto de Santo Antônio e de São Francisco de Assis e vai sempre à cidade de Assis, na Itália, venerar São Francisco. Como é que o senhor lida com isso dentro do candomblé? Existe preconceito?

R – Se há preconceitos, é com eles. Eu sou eu. Nunca tive conflito. E, agora, tem mais uma coisa: eu sou do santo, católico e espírita. Assim como na família: nem todos são iguais, mas convivem bem. Não é isso? É uma questão de fé.

Não apenas o sincretismo, mas também a convivência, nem sempre pacífica, é verdade, entre religiões em solo e corações brasileiros. A partir da entrevista de Agenor Miranda, evocam, ainda, os seguintes versos de Zeca Pagodinho ("Ogum"):

> *Sim, vou à igreja festejar meu protetor*
> *E agradecer por eu ser mais um vencedor*
> *Nas lutas, nas batalhas.*
> *Sim, vou ao terreiro pra bater o meu tambor*
> *Bato cabeça firmo ponto sim senhor*
> *Eu canto pra Ogum*

A espiritualidade do povo brasileiro é bastante dialógica, sincrética e dinâmica.

Principais formas de sincretismo de Oxóssi.

SÃO SEBASTIÃO (20 de janeiro) – Mártir da fé cristã, centurião que foi amarrado a um tronco e teve o corpo transpassado por flechas.

SÃO JORGE (23 de abril) – Mártir da fé cristã no século IV, cavaleiro da Capadócia que, segundo a lenda, teria vencido um dragão. Forma mais comum de sincretismo no Candomblé.

Comidas e bebidas

A cozinha é local para o preparo de pratos ritualísticos e mesmo para cuidados gerais da casa. Alguns terreiros (em especial de Umbanda) não dispõem de cozinha, sendo utilizada a da casa do dirigente espiritual ou de algum médium.

Em linhas gerais, o uso ritualístico da cozinha pressupõe o mesmo respeito, o mesmo cuidado de outras cerimônias de Candomblé e Umbanda, como os xirês e as giras, as entregas (oferendas) e outros: roupas apropriadas, padrão de pensamento específico e centramento necessário etc.

Além disso, os médiuns devem ser cruzados para a cozinha e/ou estarem autorizados a nela trabalhar. No Candomblé, bem como em algumas casas de Umbanda com forte influência dos Cultos de Nação, destaca-se a figura da Iabassê, a responsável maior pelo preparo das comidas sagradas.

Embora se faça uso de comidas e bebidas sagradas em vários momentos da caminhada espiritual da vida dos filhos e sacerdotes/sacerdotisas, os momentos mais conhecidos são as chamadas obrigações. Cada vez mais se consideram as obrigações não apenas como um compromisso, mas, literalmente como uma maneira de dizer obrigado(a).

Em linhas gerais, as obrigações se constituem em oferendas feitas para, dentre outros, agradecer, fazer pedidos,

reconciliar-se, isto é, reequilibrar a própria energia com as energias dos Orixás.

Os elementos oferendados, em sintonia com as energias de cada Orixá, serão utilizados pelos mesmos como combustíveis ou repositores energéticos para ações magísticas, da mesma forma que o álcool, o alimento e o fumo utilizados quando o médium está incorporado. Daí a importância de cada elemento ser escolhido com amor, qualidade, devoção e pensamento adequado.

Existem obrigações menores e maiores, variando de terreiro para terreiro; periódicas ou solicitadas de acordo com as circunstâncias, conforme o tempo de desenvolvimento mediúnico e a responsabilidade de cada um com seus Orixás; com sua coroa, como no caso da saída (Quando o médium deixa o recolhimento e, após período de preparação, apresenta solenemente seu Orixá, ou é, por exemplo, apresentado como sacerdote ou ogã.) e outros.

Embora cada casa siga um núcleo comum de obrigações fixadas e de elementos para cada uma delas, dependendo de seu destinatário, há uma variação grande de cores, objetos, características. Portanto, para se evitar o uso de elementos incompatíveis para os Orixás, há que se dialogar com a Espiritualidade e com os dirigentes espirituais, a fim de que tudo seja corretamente empregado ou, conforme as circunstâncias, algo seja substituído.

A cozinha dos Orixás migrou para as mesas e barracas de quitutes brasileiros, pela variedade de sabores, temperos e cores.

- Comidas: axoxó, carne de caça, frutas, peixes de água doce. O axoxó é preparado com milho vermelho, cozido e refogado com cebola ralada, pó de camarão, sal, azeite de dendê e enfeitado com fatias de coco.
- Bebidas: água de coco, aluá, caldo de cana, vinho tinto.

Corpo humano e chacras

Por serem ecológicas, as religiões de mátria africana visam ao equilíbrio do trinômio corpo, mente e espírito (holismo); isto é, a saúde física, o padrão de pensamento e o desenvolvimento espiritual de cada indivíduo.

O corpo humano traz em si os quatro elementos básicos da natureza, aos quais se ligam os Orixás. É o envoltório, a casa do espírito, sente dor e prazer. É, ainda, o meio (médium) pelo qual a Espiritualidade literalmente se corporifica, seja por meio da chamada incorporação, intuição, psicografia etc. Portanto, deve ser tratado com equilíbrio, respeito e alegria.

Assim como na tradição hebraico-cristã, segundo a qual Deus e os seres humanos viviam juntos no Éden, a tradição iorubá relata que havia livre acesso aos seres humanos entre o Aiê (Em tradução livre, o plano terreno.) e o Orum (Em tradução livre, o plano espiritual.).

Com a interrupção desse acesso, foi necessário estabelecer uma nova ponte, por meio do culto aos Orixás, em África, o que se amalgamou e resultou, no Brasil, no Candomblé e, em linha histórica diacrônica (Para a Espiritualidade o *timing* é sincrônico e em espiral.), nas demais religiões de matriz africana.

No relato registrado e anotado por Reginaldo Prandi[6]:

*No começo não havia separação entre
o Orum, o Céu dos orixás,
e o Aiê, a Terra dos humanos.
Homens e divindades iam e vinham,
coabitando e dividindo vidas e aventuras.
Conta-se que, quando o Orum fazia limite com o Aiê,
um ser humano tocou o Orum com as mãos sujas.
O céu imaculado do Orixá fora conspurcado.
O branco imaculado de Obatalá se perdera.
Oxalá foi reclamar a Olorum.
Olorum, Senhor do Céu, Deus Supremo,
irado com a sujeira, o desperdício e a displicência dos mortais,
soprou enfurecido seu sopro divino
e separou para sempre o Céu da Terra.
Assim, o Orum separou-se do mundo dos homens
e nenhum homem poderia ir ao Orum e retornar de lá
com vida.
E os orixás também não podiam vir à Terra com seus corpos.
Agora havia o mundo dos homens e o dos orixás,
separados.
Isoladas dos humanos habitantes do Aiê, as divindades
entristeceram.
Os orixás tinham saudades de suas peripécias entre
os humanos
e andavam tristes e amuados.*

---

6. A escolha se deu porque Prandi, em seus textos literários, é verdadeiro griô (contador de histórias), mestre das palavras que a honrarm, na escrita, a oralidade africana.

Foram queixar-se com Olodumaré, que acabou consentindo
que os orixás pudessem vez por outra retornar à Terra.

Para isso, entretanto, teriam que tomar o corpo material de
seus devotos.

Foi a condição imposta por Olodumaré

Oxum, que antes gostava de vir à Terra brincar com
as mulheres,

dividindo com elas sua formosura e vaidade,

ensinando-lhes feitiços de adorável sedução e irresistível
encanto,

recebeu de Olorum um novo encargo:

preparar os mortais para receberem em seus corpos os orixás.

Oxum fez oferendas a Exu para propiciar sua delicada missão.

De seu sucesso dependia a alegria dos seus irmãos e
amigos orixás.

Veio ao Aiê e juntou as mulheres à sua volta,

banhou seus corpos com ervas preciosas,

cortou seus cabelos, raspou suas cabeças,

pintou seus corpos.

Pintou suas cabeças com pintinhas brancas,

como as pintas das penas da conquém,

como as penas da galinha-d'angola.

Vestiu-as com belíssimos panos e fartos laços,

enfeitou-as com joias e coroas.

O ori, a cabeça, ela adornou ainda com a pena ecodidé,

pluma vermelha, rara e misteriosa do papagaio-da-costa.

Nas mãos as fez levar abebês, espadas, cetros,

e nos pulsos, dúzias de dourados indés[7].

---

7. Indé – pulseira.

*O colo cobriu com voltas e voltas de coloridas contas
e múltiplas fieiras de búzios, cerâmicas e corais.
Na cabeça pôs um cone feito de manteiga de ori,
finas ervas e obi mascado,
com todo condimento de que gostam os orixás.
Esse oxô atrairia o orixá ao ori da iniciada e
o orixá não tinha como se enganar em seu retorno ao Aiê.
Finalmente as pequenas esposas estavam feitas,
estavam prontas, e estavam odara[8].
As iaôs eram a noivas mais bonitas
que a vaidade de Oxum conseguia imaginar.
Estavam prontas para os deuses.
Os orixás agora tinham seus cavalos,
podiam retornar com segurança ao Aiê,
podiam cavalgar o corpo das devotas.
Os humanos faziam oferendas aos orixás,
convidando-os à Terra, aos corpos das iaôs.
Então os orixás vinham e tomavam seus cavalos.
E, enquanto os homens tocavam seus tambores,
vibrando os batás e agogôs, soando os xequerês e adjás,
enquanto os homens cantavam e davam vivas e aplaudiam,
convidando todos os humanos iniciados para a roda do xirê,
os orixás dançavam e dançavam e dançavam.
Os orixás podiam de novo conviver com os mortais.
Os orixás estavam felizes.
Na roda das feitas, no corpo das iaôs,
eles dançavam e dançavam e dançavam.
Estava inventado o candomblé.*

---

8. Odara – lindo(a).

Com relação ao corpo humano, Oxóssi rege o aparelho respiratório.

Em termos gerais, chacras (rodas) são centros de energia físico-espirituais espalhados por diversos pontos dos corpos físico e espirituais que revestem o físico. Os chacras mais conhecidos são sete, os que estão nas mãos e pés são também muito importantes para o exercício da mediunidade.

O chacra a que se associa Ogum é o esplênico, cujo nome em sânscrito é Swadhistana (Morada do prazer). Nomes mais conhecidos em português: Gênito-urinário; Esplênico. Localizado na região de mesmo nome, quando ativo tem a cor laranja.

Seu elemento correspondente no mundo físico é a água. Seu som (bija), segundo segmentos religiosos e espirituais indianos, é VAM. O centro físico desse chacra corresponde às glândulas sexuais (ovários, próstata e testículos), responsáveis pelo desenvolvimento das características sexuais masculinas e femininas e pela regulagem do ciclo feminino. Trata-se do centro psicológico para a evolução do desejo pessoal e da força emotiva, da vontade de ter, amar, pertencer, vivenciar a estabilidade (material e emocional) e da necessidade de afeto e segurança.

Além disso, acumula padrões negativos decorrentes dos esforços para estabelecer um sistema de apoio para viver e amar. Quando em desequilíbrio, produz, dentre outros, TPM, artrite e disfunções ligadas aos órgãos reprodutivos, tais quais mioma e pólipos.

Elemento e ponto de força

Pontos da natureza são pontos de forças naturais, tais como pedreiras, matas, cachoeiras etc. Pontos de força são locais que funcionam como verdadeiros portais para a Espiritualidade.

Cada centro de força corresponde a determinado Orixá, Guia ou Guardião, por afinidades de elementos. Além dos pontos da natureza, há outros como cemitérios e estradas, por exemplo.

Seu elemento é a terra e os pontos da natureza relacionados a Oxóssi são as matas.

A respeito da relação entre os Orixás e os quatro elementos básicos, vale a pena uma breve descrição sobre os Elementais.

Elementais

Os elementais são seres conhecidos nas mais diversas culturas, com características e roupagens mais ou menos semelhantes. Ligam-se aos chamados quatro elementos (terra, água, ar, fogo), daí sua importância ser reconhecida na Umbanda, a qual se serve dos referidos elementos, tanto em seus aspectos físicos quanto em sua contrapartida etérica.

Elemento Terra

Dríades	Trabalham nas florestas, diretamente nas árvores, ligam-se ao campo vibratório do Orixá Oxóssi. Possuem cabelos compridos e luminosos.
Gnomos	Trabalham no duplo etérico das árvores.
Fadas	Manipulam a clorofila das plantas (matizes e fragrâncias), de modo a formar pétalas e brotos. Associam-se à vida das células da relva e de outras plantas.
Duendes	Cuidam da fecundidade da terra, das pedras e dos metais preciosos e semipreciosos.

Elemento Água

Sereias	Atuam nas proximidades de oceanos, rios e lagos, com energia e forma graciosas.
Ondinas	Atuam nas cachoeiras, auxiliando bastante nos trabalhos de purificação realizados pela Umbanda nesses pontos de força.

Elemento Ar

Silfos	Apresentam asas, como as fadas, movimentando-se com grande rapidez. Atuam sob a regência de Oxalá.

Elemento Fogo

Salamandras	Atuam na energia ígnea solar e no fogo de modo geral. Apresentam-se como correntes de energia, sem se afigurarem propriamente como humanos.

Incompatibilidades

As chamadas quizilas (Angola) ou euós (iorubá) são energias que destoam das energias dos Orixás, seja no tocante à alimentação, hábitos, cores etc. No caso da Umbanda, as restrições alimentares, de bebidas, cores etc. ocorrem nos dias de gira, em períodos e situações específicas.

Fora isso, tudo pode ser consumido, sempre de modo equilibrado. Ao contrário, no Candomblé, há, por exemplo, comidas (frutas, pratos e outros) de determinado Orixá que, em dadas circunstâncias (Orixá de cabeça, Orixá chefe do terreiro etc.) só devem ser consumidas no próprio terreiro, e não no dia a dia.

As principais incompatibilidades de Oxóssi, segundo alguns segmentos afro-religiosos tradicionais são: cabeça de bicho (em cortes ou alimentos), mel, ovo. Interessante notar que um oriki de Oxóssi diz que se alimenta de cabeça de bicho.

Ervas e flores

Fundamentais nos rituais de Umbanda, para banhos, defumações, chás e outros, as ervas devem ser utilizadas com orientação da Espiritualidade e do dirigente espiritual.

Não apenas os nomes das ervas variam de região para região, de casa para casa, mas também as maneiras de selecioná-las, manipulá-las e prepará-las. Daí a necessidade de orientação e direcionamento para seu uso ritualístico.

Banhos

A água, enquanto elemento de terapêutica espiritual, é empregada em diversas tradições espirituais e/ou religiosas. Na Umbanda, em poucas palavras, pode-se dizer que a indicação, as formas de preparo, os cuidados, a coleta, sua ritualística ou a compra de folhas, dentre tantos aspectos, devem ser orientados pela Espiritualidade e/ou pela direção espiritual de uma casa.

As variações são muitas, contudo procuram atender a formas específicas de trabalhos, bem como aos fundamentos da Umbanda.

A seguir um quadro sintético dos tipos mais comuns de banhos empregados na Umbanda.

Banhos de descarga/ descarrego	Servem para livrar a pessoa de energias deletérias, de modo a reequilibrá-la. Pode ser de ervas ou de sal grosso, ou, ainda, serem acrescidos outros elementos.
Banho de descarga com ervas	Após esse banho, as ervas devem ser recolhidas e despachadas na natureza ou em água corrente. Depois desse banho, aconselha-se um banho de energização.
Banho de sal grosso	Banho de limpeza energética, do pescoço para baixo, depois do qual comumente devem ser feitos banhos de energização, a fim de se equilibrarem as energias, visto que, além de retirar as negativas, também se descarregam as positivas. Alguns o substituem pelo próprio banho de mar.
Banhos de energização	Ativam as energias dos Orixás e Guias, afinando-as com as daquele que toma os banhos. Melhoram, portanto, a sintonia com a Espiritualidade, ativam e revitalizam funções psíquicas, melhoram a incorporação etc.
Amaci	Banho mais comum, da cabeça aos pés, ou só de cabeça, orientado por Entidades ou pelo Guia-chefe do dirigente espiritual. Existem também amacis periódicos para o corpo mediúnico, que ritualisticamente o toma.
Banho natural de cachoeira	Possui a mesma função dos banhos de mar, porém em água doce. O choque provocado pela queda d´água limpa energiza. Melhor ainda quando feito em cachoeiras próximas das matas e sob o Sol.

Banho natural de chuva	Limpeza de grande força, é associado ao Orixá Nanã.
Banho natural de mar	Muito bom para descarregos e energização, em especial sob a vibração de Iemanjá.

Sacudimentos

Ritual de limpeza espiritual com o intuito de expulsar energias negativas de pessoa ou ambiente.

Para tanto, empregam-se folhas fortes que são batidas na pessoa ou no ambiente ("surra"), pólvora queimada no local em que se realiza o ritual e, em algumas casas, comidas e aves em contato com a pessoa ou o ambiente, os quais serão posteriormente oferecidos aos eguns (as aves soltas, vivas).

O ritual é completado com banho, no caso de pessoa, e com a defumação do corpo ou do local do sacudimento.

No Candomblé e em algumas casas de Umbanda (geralmente as ditas cruzadas), também são utilizadas aves, que, depois do sacudimento, são soltas.

Defumações

Uma das mais conhecidas formas de limpeza energética feita na Umbanda, a defumação ocorre não apenas no início dos trabalhos (especialmente das giras), mas em outros locais e circunstâncias onde se fizerem necessárias.

As maneiras de se defumar um terreiro ou outro local variam (em casa ou local de trabalho, por exemplo, fazendo ou não um percurso em X em cada cômodo). Contudo, no caso de residência ou comércio, prevalece o hábito de se defumar dos fundos para a porta de entrada (limpeza) e da porta de entrada para os fundos (energização).

Com diversas variações, em virtude da diversidade litúrgica e terapêutica das religiões de matriz africana, associam-se a Oxóssi os seguintes elementos elencados abaixo.

- Ervas: alecrim, guiné, vence-demanda, abre-caminho, peregum verde, taioba, espinheira-santa, jurema, jureminha, mangueira, desata-nó, erva-de-Oxóssi, erva-da-jurema.

- Flores: flores do campo.

Planeta

Neste contexto, nem todo astro, segundo a Astronomia, é planeta, contudo essa é a terminologia mais comum nos estudos espiritualistas, esotéricos etc.

O planeta associado ao Orixá é Vênus. Planeta do amor, do belo, da sedução, do encanto.

Algumas qualidades

Qualidades são tipos ou caminhos de determinado Orixá. São diversas as qualidades, com variações (Fundamentos, nações, casas, representações, entre Umbanda e Candomblé etc.). Enquanto, por exemplo, Iansã Topé caminha com Exu, Iansã Igbale caminha com Obaluaê. Xangô Airá, por sua vez, caminha com Oxalá.

Como são diversas as qualidades e variações, neste trabalho, optou-se por apresentar as qualidades como "algumas".

A seguir, algumas das qualidades mais conhecidas e comuns no Candomblé.

Ibualama	Fundamento com Obaluaê.
Aquerá	Fundamento com Ogum.
Danadana	Fundamento com Oxumaré.
Mutalambô	Fundamento com Exu.
Gongobila	Fundamento com Oxalá e Oxum.

Registros

A oralidade é bastante privilegiada no Candomblé, tanto para a transmissão de conhecimentos e segredos (os awós) quanto para a aprendizagem de textos ritualísticos. Nesse contexto, entre cantigas e rezas, que recebem nomes diversos conforme a Nação, destacam-se os itãs e os orikis.

Itãs são relatos míticos da tradição iorubá, notadamente associados aos 256 odus (16 odus principais X 16).

Conforme a tradição afro-brasileira, cada ser humano é ligado diretamente a um Odu, que lhe indica seu Orixá individual, bem como sua identidade mais profunda. Variações à parte (Nações, casas etc.), os dezesseis Odus principais são assim distribuídos:

Caídas	Odus	Regências
01 búzio aberto e 15 búzios fechados	Okanran	Fala: Exu Acompanham: Xangô e Ogum
02 búzios abertos e 14 búzios fechados	Eji-Okô	Fala: Ibejis Acompanham: Oxóssi e Exu
03 búzios abertos e 13 búzios fechados	Etá-Ogundá	Fala: Ogum

Caídas	Odus	Regências
04 búzios abertos e 12 búzios fechados	Irosun	Fala: Iemanjá Acompanham: Ibejis, Xangô e Oxóssi
05 búzios abertos e 11 búzios fechados	Oxé	Fala: Oxum Acompanha: Exu
06 búzios abertos e 10 búzios fechados	Obará	Fala: Oxóssi Acompanham: Xangô, Oxum, Exu
07 búzios abertos e 09 búzios fechados	Odi	Fala: Omulu/Obaluaê Acompanham: Iemanjá, Ogum, Exu e Oxum
08 búzios abertos e 08 búzios fechados	Eji-Onilé	Fala: Oxaguiã
09 búzios abertos e 07 búzios fechados	Ossá	Fala: Iansã Acompanham: Iemanjá, Obá e Ogum
10 búzios abertos e 06 búzios fechados	Ofun	Fala: Oxalufá Acompanham: Iansã e Oxum
11 búzios abertos e 05 búzios fechados	Owanrin	Fala: Oxumarê Acompanham: Xangô, Iansã e Exu
12 búzios abertos e 04 búzios fechados	Eji-Laxeborá	Fala: Xangô
13 búzios abertos e 03 búzios fechados	Eji-Ologbon	Fala: Nanã Buruquê Acompanha: Omulu/Obaluaê

Caídas	Odus	Regências
14 búzios abertos e 02 búzios fechados	Iká-Ori	Fala: Ossaim Acompanham: Oxóssi, Ogum e Exu
15 búzios abertos e 01 búzio fechado	Ogbé-Ogundá	Fala: Obá
16 búzios abertos	Alafiá	Fala: Orumilá

O vocábulo "itã" quase não é empregado na Umbanda, contudo os relatos míticos/mitológicos se disseminam com variações, adaptações etc.

Uma das características da Espiritualidade do Terceiro Milênio é a (re)leitura e a compreensão do simbólico. Muitos devem se perguntar como os Orixás podem ser tão violentos, irresponsáveis e mesquinhos, como nas histórias aqui apresentadas. Com todo respeito aos que creem nesses relatos ao pé da letra, as narrativas são caminhos simbólicos riquíssimos encontrados para tratar das energias de cada Orixá e de valores pessoais e coletivos. Ao longo do tempo puderam ser ouvidas e lidas como índices religiosos, culturais, pistas psicanalíticas, oralitura e literatura.

Para vivenciar a espiritualidade das religiões de matriz africana de maneira plena, é preciso distinguir a letra e o espírito, não apenas no tocante aos mitos e às lendas dos Orixás, mas também aos pontos cantados, aos orikis etc.

Quando se desconsidera esse aspecto, existe a tendência de se desvalorizar o diálogo ecumênico e inter-religioso, assim como a vivência pessoal da fé. O simbólico é um grande instrumento para a reforma íntima, o autoaperfeiçoamento, a evolução.

Ressignificar esses símbolos, seja à luz da fé ou da cultura, é valorizá-los ainda mais, em sua profundidade e também em sua superfície, ou seja, em relação ao espírito e ao corpo, à transcendência e ao cotidiano, uma vez que tais elementos se complementam.

Um ouvinte/leitor mais atento à interpretação arquetípica psicológica (ou psicanalista) certamente se encantará com as camadas interpretativas da versão apresentada para o relato do ciúme que envolve Obá e Oxum em relação ao marido, Xangô.

Os elementos falam por si: Oxum simula cortar as duas orelhas para agradar ao marido; Obá, apenas uma. O ciúme, como forma de apego, é uma demonstração de afeto distorcida unilateral, embora, geralmente, se reproduza no outro, simbioticamente, pela lei de atração dos semelhantes, segundo a qual não há verdugo e vítima, mas cúmplices, muitas vezes inconscientes.

A porção mutilada do ser é a orelha, que na abordagem holística, associa-se ao órgão sexual feminino, ao aspecto do côncavo, e não do convexo. Aliás, *auricula* (*orelha*, em latim) significa, literalmente, *pequena vagina*. O fato de não haver relação direta entre latim e iorubá apenas reforça que o inconsciente coletivo e a sabedoria ancestral são comuns a todos e independem de tempo e espaço.

Na definição de Nei Lopes, oriki é: "Espécie de salmo ou cântico de louvor da tradição iorubá, usualmente declamado ao ritmo de um tambor, composto para ressaltar atributos e realizações de um orixá, um indivíduo, uma família ou uma cidade.".

Enquanto gênero, o oriki é constantemente trazido da oralitura para a literatura, sofrendo diversas alterações. Uma delas é o chamado orikai, termo cunhado por Arnaldo Xavier, citado por Antonio Risério:

> [...] para haicai (Poema de origem japonesa com características próprias, porém também com uma série de adaptações formais específicas à poesia de cada país.) que se apresente com oriki (Especialmente no que tange ao louvor e à ressignificação de atributos dos Orixás.).

Na Umbanda, os pontos cantados são alguns dos responsáveis pela manutenção da vibração das giras e de outros trabalhos. Verdadeiros mantras, mobilizam forças da natureza, atraem determinadas vibrações, Orixás, Guias e Entidades.

Com diversidade, o ponto cantado impregna o ambiente de determinadas energias enquanto o libera de outras finalidades, representa imagens e traduz sentimentos ligados a cada vibração, variando de Orixá para Orixá, Linha para Linha, circunstância para circunstância etc. Aliado ao toque e às palmas, o ponto cantado é um fundamento bastante importante na Umbanda e em seus rituais.

Em linhas gerais, dividem-se em pontos de raiz, trazidos pela Espiritualidade, e terrenos, elaborados por encarnados e apresentados à Espiritualidade, que os ratifica.

Há pontos cantados que migraram para a Música Popular Brasileira (MPB) e canções de MPB que são utilizadas como pontos cantados em muitos templos.

Em seguida, exemplos de itãs, orikis, pontos cantados e canções.

Mãs

Oxóssi e Ogum são irmãos. Ogum nutre por Oxóssi um carinho especial.

Uma ocasião em que Ogum voltava de uma batalha, encontrou Oxóssi cercado de inimigos que já haviam destruído quase toda a aldeia. Oxóssi estava paralisado e com medo.

Embora cansado, Ogum lutou em favor do irmão até o amanhecer.

Vencedor, tranquilizou Oxóssi, dizendo que sempre poderia contar com o auxílio do irmão.

Ensinou Oxóssi a caçar e a abrir caminhos na mata. Também o ensinou a defender-se e a cuidar de si e dos seus.

Com o irmão seguro, Ogum podia voltar a guerrear.

Fraternidade, irmandade, parceria são conceitos-chaves para a compreensão profunda da humanidade desse relato.

Na comemoração anual da colheita de inhames, um grande pássaro pousou no telhado do palácio, assustando a todos. O pássaro havia sido enviado pelas Mães Ancestrais, que não haviam sido convidadas.

Para abater a ave, o rei chamou os melhores caçadores do reino, dentre eles Oxotogum, o caçador das vinte flechas; Oxotogi, o caçador das quarenta flechas; Oxotadotá, o caçador das cinquenta flechas. Todos erraram o alvo e foram aprisionados pelo rei.

Então, Oxotocanxoxô, o caçador de uma flecha só, auxiliado por um ebó votivo para as Mães Ancestrais/Feiticeiras, sugerido por um babalaô à mãe do caçador, disparou sua flecha e matou a ave.

Todos celebraram o feito. Honrarias foram concedidas
ao caçador, que passou a ser conhecido como Oxóssi, isto é,
"o caçador Oxô é popular".

Escolhas. Tiro certeiro vale mais do que fama, aparência. Além disso, observe-se a negação da ancestralidade, da *anima* causando impacto negativo. Como observou Carl Gustav Jung, "Aquilo a que se resiste, persiste.".

Não se podia caçar naquele dia, dedicado às oferendas à Ifá.
Contudo, Oxóssi não se importou com isso e foi caçar.
Oxum, sua esposa, deixou o lar, pois não aguentava mais
ver as desobediências do marido às interdições sagradas.
Na mata, Oxóssi ouviu um canto: "Não sou passarinho
para ser morta por você...". O canto era de uma serpente, na
verdade, Oxumaré.
Oxóssi não se importou e partiu a cobra com sua lança.
No caminho para a casa, continuou a ouvir o mesmo canto.
Cozinhou a caça e se fartou de comê-la.
No dia seguinte, pela manhã, Oxum retornou para ver
como estava o marido e o encontrou morto. Ao seu lado,
o rastro de uma serpente, que ia até a mata.
Oxum, então, procurou Orumilá e lhe ofereceu sacrifícios.
Orumilá deixou Oxóssi viver e lhe deu a função de proteger
os caçadores.
Oxóssi era agora um Orixá.

Os interditos transgredidos trazem consequências. Uma delas é o amadurecimento por meio de experiências dolorosas que franqueiam uma nova realidade. No caso, Oxóssi se torna Orixá.

Oriki

O oriki é uma transcriação do iorubá para o português feita por Antonio Risério.

Oriki de Oxóssi 2 (fragmento)

> Orixá, quando fecha, não abre caminho.
> Caçador que come cabeça de bicho
> Caçador que come coco e milho.
> Mora em casa de barro
> Mora em casa de folha
> Orixá da pele fresca.
> Quando entra na mata
> O mato se agita.
> Ofá – o seu fuzil.
> Uma flecha contra o fogo
> E o fogo apagou.
> Uma flecha contra o sol
> E o sol sumiu.

O caçador de uma flecha só, conhecedor do verde das matas, é aqui celebrado em algumas de suas principais características.

Pontos cantados

> Eu vi chover, eu vi relampear
> Mas mesmo assim o céu estava azul (2 X)
> Afirma o ponto nas folhas da jurema
> Oxóssi reina de norte a sul (2X)

Ele atirou
Ele atirou e ninguém viu (2 X)
Senhor Oxóssi é quem sabe
Onde a flecha caiu (2 X)

Oxóssi é Orixá da fartura, do conhecimento da espiritualidade. Os pontos cantados reforçam essas características.

Mpb

Para não tirar o sabor da pesquisa por parte do leitor, não se fez análise minuciosa das letras das canções, nem a exploração sistemática do vocabulário etc.

Ao contrário, o leitor, ao ouvir as canções, terá acesso à completude das composições e, mesmo sem conhecer o significado de todas as palavras (o que poderá ser verificado posteriormente), poderá sentir o prazer dos trocadilhos, jogos sonoros (rimas, aliterações e outros).

Oxóssi
(Roque Ferreira)

Oxóssi, filho de Iemanjá
Divindade do clã de Ogum
É Ibualama, é Inlé
Que Oxum levou no rio
E nasceu Logunedé!

Sua natureza é da lua
Na lua Oxóssi é Odé Odé-Odé, Odé-Odé
Rei de Keto Caboclo da mata Odé-Odé.

Quinta-feira é seu ossé
Axoxó, feijão preto, camarão e amendoim
Azul e verde, suas cores
Calça branca rendada
Saia curta estampada

Ojá e couraça prateada
Na mão ofá, iluquerê
Okê okê, okê arô, okê.
A jurema é a árvore sagrada
Okê arô, Oxóssi, okê okê

Na Bahia é São Jorge
No Rio, São Sebastião
Oxóssi é quem manda
Na banda do meu coração

Sincretizado com São Sebastião (sobretudo na Umbanda) ou com São Jorge (sobretudo no Candomblé), Oxóssi é guerreiro, Orixá bastante popular no Brasil, com suas matas, fauna e flora riquíssimas, e ancestralidade construída pelos indígenas, na Umbanda amalgamado e/ou representado pelos Caboclos de Pena.

Orações

Na oração, mais importantes que as palavras são a fé e o sentimento. Entretanto, as palavras têm força e servem como apoio para expressar devoção, alegria, angústias etc.

Vale lembrar que, tanto na letra (palavras) quanto no espírito (motivação, sentimento), JAMAIS uma prece deve ferir o livre-arbítrio de outrem.

Ademais, ao orar, deve-se também abrir o coração para ouvir as respostas e os caminhos enviados pela Espiritualidade de várias maneiras, durante a própria prece, e ao longo de inúmeros momentos e oportunidades ao longo do dia e da caminhada evolutiva de cada um.

No tocante às orações católicas, as mesmas devem ser compreendidas no contexto dos dogmas e preceitos dessa religião, embora, quem faça uso das mesmas, nem sempre se valha dos conceitos ao pé da letra.

Prece a Oxóssi
(Recolhida por Ernesto Santana)

Okê... Okê, cavaleiro de Aruanda
Okê... Rei dos Caboclos e das Matas
Senhor Oxóssi, que as suas matas
Possam estar repletas

De paz, harmonia e bem-aventurança.
Meu Pai Oxóssi, Rei dos Caçadores,
Não permitas que eu me torne
Uma presa dos malefícios
Nem dos meus inimigos[9].
Okê, Okê, meu pai Oxóssi,
Rei das Matas de Aruanda.
Okê Arô!

---

9. Etimologicamente, "inimigo" é o "não-amigo", aquele que nem sempre nos quer bem. Mas pode ser também aquele a quem fazemos ou desejamos mal. Portanto, oremos e vigiemos para evitar inimigos, em especial os do segundo grupo.

Umbanda e meio ambiente

Tratar do meio ambiente é também tratar do ser humano. Certamente o meio ambiente não se refere apenas às matas, contudo, pela associação mais direta entre Oxóssi e a ecologia, seguem algumas considerações sobre Umbanda e meio ambiente, as quais, certamente, servem para as demais religiões de matriz africana, bem como a qualquer segmento religioso e espiritualista que se ocupe do dom sagrado da vida.

Por ser uma reunião ecológica, em que o corpo, a mente e o espírito se conectam com o meio ambiente, a Umbanda está atenta às questões do meio ambiente. Por esse motivo, cada vez mais os umbandistas têm consciência de como utilizar materiais que não agridam a natureza. Exemplo disso são os pentes feitos com materiais não poluentes entregues em oferendas a Iemanjá, no mar, onde também a alfazema é vertida (no mar, em barquinhos etc.) de modo a não se deixar ali os vidros.

A seguir, estão duas propostas/ações que alguns terreiros têm adotado, em especial em Santa Catarina.

Compostagem orgânica

Processo biológico de reaproveitamento de materiais que vem sendo adotado em diversos terreiros. Nas palavras do dirigente espiritual, professor de Geografia, escritor e divulgador do processo Giovani Martins,

> (...) com relação às oferendas, após o tempo mínimo de permanência no altar ou em outros locais sagrados dos Terreiros, são tratadas em sistema de geração de adubos denominado compostagem orgânica. A compostagem é um processo biológico em que os microrganismos transformam a matéria orgânica, como folhas, papel e restos de comida num material semelhante ao solo, a que se chama composto, e que pode ser utilizado como adubo. Os adubos produzidos a partir desse sistema são utilizados nos herbários que ficam localizados nos próprios Terreiros, em que são plantadas todas as ervas destinadas ao culto aos Orixás e demais atividades ritualísticas. No sistema de compostagem são aproveitadas as frutas, as comidas de santo e outras oferendas que possibilitem o tratamento e reutilização (as carnes vermelhas e/ou brancas não entram no sistema de compostagem). Com a compostagem dá-se uma finalidade sustentável para as oferendas e, ao mesmo tempo em que melhora a estrutura e aduba o solo, gera redução de herbicidas e pesticidas devido à presença de fungicidas naturais e micro-organismos, aumentando a retenção de água no solo.

Sistema de incineração

Processo de tratamento de lixo que vem sendo adotado em diversos terreiros. Nas palavras do dirigente espiritual, professor de Geografia, escritor e divulgador do sistema Giovani Martins,

> (...) os resíduos e despachos provenientes dos ebós, que até então eram jogados em locais públicos, passam agora pela incineração para depois serem devidamente enterrados em áreas de plantio e reflorestamento. A incineração de resíduos, principalmente do lixo, é uma prática muito antiga, ainda hoje comum nas zonas rurais. Apesar da queima em céu aberto colaborar para a poluição atmosférica com os gases de combustão, a queima ainda é uma alternativa viável para a eliminação dos resíduos. Com a incineração existe uma redução de aproximadamente 80% no volume do material. Os incineradores hoje utilizados nos Terreiros em sua maioria são domésticos, ou seja, construídos de forma artesanal com tijolo e cimento. Nos ebós não são utilizados plásticos, metais e outros materiais que acarretariam problemas ambientais mesmo incinerados. A combustão de plásticos clorados (PVC), por exemplo, resulta no ácido clorídrico altamente poluente, devendo de fato ser evitado.

Como há entregas em que se usam, por exemplo, moedas e outros objetos, os mesmo não podem passar por esse processo, tendo outro encaminhamento.

Marcado pela (re)valorização da Espiritualidade no cotidiano, o Terceiro Milênio aproxima religiões, tradições, práticas e filosofias por valores, posturas e atitudes comuns entre elas.

O quadro fornece um painel de como a Umbanda se insere na Espiritualidade do Terceiro Milênio.

A Umbanda e a Espiritualidade no Terceiro Milênio
Algumas características

1. Holismo	Por ser uma religião ecológica, a Umbanda visa ao equilíbrio do trinômio corpo, mente e espírito, a saúde física, o padrão de pensamento e o desenvolvimento espiritual de cada indivíduo.
2. Ecumenismo e Diálogo Inter-religioso	Além de ter suas portas abertas a todo e qualquer espírito (encarnado ou desencarnado) que deseje vivenciar a Espiritualidade de acordo com suas diretrizes, a Umbanda mantém fortes laços dialógicos com as mais diversas tradições religiosas e/ou espirituais, algumas das quais a influenciaram bastante em vários aspectos, dentre eles, a ritualística. A Umbanda não é proselitista.
3. Valorização da vivência/ da experiência pessoal	Embora tenha uma teologia própria e, em virtude do forte sincretismo, por vezes ainda vivencie pontos doutrinários de outras tradições religiosas e/ou espiritualistas, a Umbanda valoriza a experiência pessoal (concepções, opiniões, formas de vivenciar a espiritualidade etc.), respeitando o livre pensamento e irmanando a todos em seus rituais e nas mais diversas atividades caritativas, de modo a respeitar as diferenças, sem tratá-las ostensivamente como divergências.

A Umbanda e a Espiritualidade no Terceiro Milênio
Algumas características

4. Fé e cotidiano: a concretude da fé	Fortemente marcada pela Ecologia, a Umbanda convida a todos a vivenciar sua fé no cotidiano, cuidando do próprio corpo, do meio ambiente, vivenciando relações saudáveis etc. Exemplo: cultuar o Orixá Oxum é, ao mesmo tempo, um convite para se viver amorosamente o cotidiano, de forma compassiva, e utilizar os recursos hídricos de maneira consciente (escovar os dentes com a torneira fechada, não jogar lixo nas águas etc.). A gira literalmente prossegue no cotidiano.
5. Fé e Ciência: uma parceria inteligente	Allan Kardec, Dalai Lama e outros líderes fazem coro: se a Ciência desbancar algum ponto de fé, sem dúvida, a opção é ficar com a Ciência. A Umbanda possui fundamentos próprios, de trabalhos religiosos, energéticos, magísticos, contudo os mesmos não devem confundir-se com superstição e obscurantismo. Por outro lado, sua Alta Espiritualidade, muitas vezes ensinada de maneira analógica/simbólica, é cotidianamente explicada pela Ciência, na linguagem lógica/racional. A medicina dos Pretos-Velhos, por exemplo, é complementar à do médico com formação universitária, e vice-versa: ambas dialogam, não se excluem.

A Umbanda e a Espiritualidade no Terceiro Milênio
Algumas características

6. Simplicidade

A construção de templos, a realização de festas e outros devem visar à gratidão, ao entrelaçamento de ideais, ao conforto e ao bem-estar, e não à ostentação pseudo-religiosa, à vaidade dos médiuns e dos dirigentes espirituais. Mestre Jesus, na vibração de Oxalá, simbolicamente nasceu numa gruta e, posto numa manjedoura, fez do ambiente um local de grande celebração, envolvendo pastores e reis magos.

7. Leitura e compreensão do simbólico

Para vivenciar a espiritualidade umbandista de maneira plena, é preciso distinguir a letra e o espírito, no tocante, por exemplo, aos mitos e às lendas dos Orixás, aos pontos cantados e riscados etc. Quando se desconsidera esse aspecto, existe a tendência de se desvalorizar o diálogo ecumênico e inter-religioso, assim como a vivência pessoal da fé. O simbólico é um grande instrumento para a reforma íntima, o autoaperfeiçoamento, a evolução.

8. Cooperativismo

Numa comunidade, cada individualidade faz a diferença. Por essa razão, o cooperativismo não é vivenciado apenas em trabalhos que envolvam atividade física, mas também, por exemplo, na manutenção de padrão vibratório adequado ao ambiente e aos cuidados com a língua e a palavra, de modo a não prejudicar ninguém.

A Umbanda e a Espiritualidade no Terceiro Milênio
Algumas características

9. Liderança: autoridade não rima com autoritarismo	Num terreiro, todos são líderes, cada qual em sua área de atuação, do irmão mais novo na casa ao dirigente espiritual. Essa liderança deve ser exercida amorosamente, a exemplo do Mestre Jesus, o qual, simbolicamente lavou os pés dos Apóstolos.
10. O exercício do livre-arbítrio	A Umbanda não ensina a entrega do poder pessoa, da consciência e do livre-arbítrio nas mãos dos Orixás, dos Guias e Guardiões ou dos dirigentes espirituais. A caminhada espiritual-evolutiva, é única, pessoal e intransferível.

Legislação

Como visto, a Umbanda, oficialmente, nasce do brado de um Caboclo, o Caboclo das Sete Encruzilhadas.

Em memória a esse fato, vejam-se alguns importantes marcos legais para o respeito à liberdade de culto das religiões de matriz africana:

- Constituição Federal de 1988 – artigos 3º, 4º, 5º, 215 e 216;
- Lei 9.459, de 13 de maio de 1997 (injúria racial);
- Lei 10.639, de 09 de janeiro de 2003 (Obrigatoriedade da inclusão da temática História e Cultura Afro-brasileira no currículo oficial da rede de ensino.);
- Lei 10.678, de 23 de maio de 2003 (Cria a Secretaria de Políticas de Promoção da Igualdade Racial.);
- Decreto 4.886, de 20 de novembro de 2003 (Instituição da Política Nacional de Promoção da Igualdade Racial.);
- Decreto 5.051, de 19 de abril de 2004 (Promulgação da Convenção 169 da Organização Internacional do Trabalho.);

- Resolução número 1, de 17 de junho de 2004, do Conselho Nacional de Educação (Diretrizes curriculares para educação das relações étnico-raciais e para o ensino de história e cultura afro-brasileira e africana.);
- Decreto 6.040, de 07 de fevereiro de 2007 (Instituição da Política Nacional de Desenvolvimento Sustentável dos Povos e Comunidades Tradicionais.);
- Decreto 6.177, de 1º de agosto de 2007 (Promulga a Convenção sobre a Proteção e Promoção da Diversidade das Expressões Culturais da Organização das Nações Unidas para a Educação, a Ciência e a Cultura – UNESCO.);
- Portaria 992, de 13 de maio de 2009 (Instituição da Política Nacional de Saúde Integral da População Negra.);
- Decreto 6.872, de 04 de junho de 2009 (Instituição do Plano Nacional de Promoção da Igualdade Racial.);
- Lei 12.288, de 20 de julho de 2010 (Estatuto da Igualdade Racial);
- Decreto 7.271, de 25 de agosto de 2010 (Diretrizes e objetivos da Política Nacional de Segurança Alimentar e Nutricional.).
- No dia 16 de maio de 2012 foi instituído pela presidenta Dilma Rousseff o dia Nacional da Umbanda (Lei 12.644). O projeto original é do deputado federal Carlos Santana (PL 5.687/2005). A data celebra as comunicações do Caboclo das Sete Encruzilhadas, por meio de Zélio Fernandino de Moraes, numa sessão

espírita, quando o referido Caboclo anunciou sua missão seria estabelecer um culto em que espíritos de negros e índios pudessem trabalhar conforme as diretrizes do Astral. Mesmo antes da instituição da lei federal, diversas cidades brasileiras, amparadas por leis municipais, já comemoravam oficialmente a data.

Bibliografia

Livros

AFLALO, Fred. *Candomblé: uma visão do mundo*. São Paulo: Mandarim, 1996. 2ª ed.

BARBOSA JÚNIOR, Ademir. *A Bandeira de Oxalá – pelos caminhos da Umbanda*. São Paulo: Nova Senda, 2013.

_____. *Curso essencial de Umbanda*. São Paulo: Universo dos Livros, 2011.

_____. *O essencial do Candomblé*. São Paulo: Universo dos Livros, 2011.

_____. *Guia prático de plantas medicinais*. São Paulo: Universo dos Livros, 2005.

_____. *Mitologia dos Orixás: lições e aprendizados*. São Bernardo do Campo: Anúbis, 2014.

_____. *Nanã*. São Bernardo do Campo: Anúbis, 2014.

_____. *Novo Dicionário de Umbanda*. São Paulo: Nova Senda, 2014.

_____. *Obaluaê*. São Bernardo do Campo: Anúbis, 2014.

_____. *Oxumaré*. São Bernardo do Campo: Anúbis, 2014.

_____. *Para conhecer a Umbanda*. São Paulo: Universo dos Livros, 2013.

_____. *Para conhecer o Candomblé*. São Paulo: Universo dos Livros, 2013.

_____. *Reiki: A Energia do Amor*. São Paulo: Nova Senda, 2014.

_____. *Transforme sua vida com a Numerologia*. São Paulo: Universo dos Livros, 2006.

_____. *Umbanda – um caminho para a Espiritualidade*. São Bernardo do Campo: Anúbis, 2014.

_____. *Xangô*. São Paulo: Universo dos Livros, 2013.

_____. *Xirê: orikais – canto de amor aos orixás*. Piracicaba: Editora Sotaque Limão Doce, 2010.

BARCELLOS, Mario Cesar. *Os Orixás e a personalidade humana*. Rio de Janeiro: Pallas, 2007. 4ª ed.

BORDA, Inivio da Silva et al. (org.). *Apostila de Umbanda*. São Vicente: Cantinho dos Orixás, s/d.

CABOCLO OGUM DA LUZ (Espírito). *Ilê Axé Umbanda*. São Bernardo do Campo: Anúbis, 2011. Psicografado por Evandro Mendonça.

CACCIATORE, Olga Gudolle. *Dicionário de Cultos Afro-brasileiros*. Rio de Janeiro: Forense Universitária, 1977.

CAMARGO, Adriano. *Rituais com ervas: banhos, defumações e benzimentos*. Rio de Janeiro: Livre Expressão, 2013. 2ª ed.

CAMPOS JR., João de. *As religiões afro-brasileiras: diálogo possível com o cristianismo*. São Paulo: Editora Salesiana Dom Bosco, 1998.

CARYBÉ. *Iconografia dos deuses africanos no Candomblé da Bahia*. São Paulo: Editora Raízes, 1980. (Com textos de Jorge Amado, Pierre Verger e Valdeloir Rego.)

CHEVALIER, Jean e GHEERBRANT, Alain (orgs.). *Dicionário de símbolos*. Rio de Janeiro: José Olympio, 2008. Tradução: Vera da Costa e Silva et al. 22ª ed.

CIPRIANO DO CRUZEIRO DAS ALMAS (Espírito). *O Preto Velho Mago: conduzindo uma jornada evolutiva.* São Paulo: Madras, 2014. Psicografado por André Cozta.

CONGO, Pai Thomé do (Espírito). *Relatos umbandistas.* São Paulo: Madras, 2013. Anotações por André Cozta.)

CORRAL, Janaína Azevedo. *As Sete Linhas da Umbanda.* São Paulo: Universo dos Livros, 2010.

_____. *Tudo o que você precisa saber sobre Umbanda* (volumes 1, 2 e 3). São Paulo: Universo dos Livros, 2010.

FAUR, Mirella. *Mistérios nórdicos: deuses, runas, magias, rituais.* São Paulo: Pensamento, 2007.

FERAUDY, Roger. (Obra mediúnica orientada por Babajiananda/PaiTomé.) *Umbanda, essa desconhecida.* Limeira: Editora do Conhecimento, 2006. 5ª ed.

D´IANSÃ, Eulina. *Reza forte.* Rio de Janeiro: Pallas, 2008. 4ª ed.

LEONEL (Espírito) e Mônica de Castro (médium). *Jurema das Matas.* São Paulo: Vida & Consciência, 2011.

LIMAS, Luís Filipe de. *Oxum: a mãe da água doce.* Rio de Janeiro: Pallas, 2007.

LINARES, Ronaldo (org.). *Iniciação à Umbanda.* São Paulo: Madras, 2008.

_____. *Jogo de Búzios.* São Paulo: Madras, 2007.

LOPES, Nei. *Enciclopédia brasileira da Diáspora Africana.* São Paulo: Selo Negro, 2004.

LOURENÇO, Eduardo Augusto. *Pineal, a glândula da vida espiritual – as novas descobertas científicas.* Limeira: Editora do Conhecimento, 2010.

MAGGIE, Yvonne. *Guerra de Orixá: um estudo de ritual e conflito.* Rio de Janeiro: Jorge Zahar Editor, 2001. 3ª ed.

MALOSSINI, Andrea. *Dizionario dei Santi Patroni*. Milano: Garzanti, 1995.

MARTÍ, Agenor. *Meus oráculos divinos: revelações de uma sibila afrocubana*. Rio de Janeiro: Bertrand Brasil, 1994. (Tradução de Rosemary Moraes.)

MARTINS, Cléo. *Euá*. Rio de Janeiro: Pallas, 2001.

_____. *Nanã*. Rio de Janeiro: Pallas, 2001.

MARTINS, Giovani. *Umbanda de Almas e Angola*. São Paulo: Ícone, 2011.

_____. *Umbanda e Meio Ambiente*. São Paulo: Ícone, 2014.

MARSICANO, Alberto e VIEIRA, Lurdes de Campos. *A Linha do Oriente na Umbanda*. São Paulo: Madras, 2009.

MOURA, Carlos Eugênio M. de (org). *Candomblé: religião do corpo e da alma*. Rio de Janeiro: Pallas, 2000.

_____. *Culto aos Orixás, Voduns e Ancestrais nas Religiões Afro-brasileiras*. Rio de Janeiro: Pallas, 2006.

MUNANGA, Kabengelê e GOMES, Nilma Lino. *Para entender o negro no Brasil de hoje: história, realidades, problemas e caminhos*. São Paulo: Global: Ação Educativa Assessoria, Pesquisa e Informação, 2004.

NAPOLEÃO, Eduardo. *Yorùbá – para entender a linguagem dos orixás*. Rio de Janeiro: Pallas, 2010.

NASCIMENTO, Elídio Mendes do. *Os poderes infinitos da Umbanda*. São Paulo: Rumo, 1993.

NEGRÃO, Lísias. *Entre a cruz e a encruzilhada*. São Paulo: Edusp, 1996.

OMOLUBÁ. *Maria Molambo na sombra e na luz*. São Paulo: Cristális, 2002. 10ª ed.

ORPHANAKE, J. Edson. *Os Pretos-Velhos*. São Paulo: Pindorama, 1994.

OXALÁ, Miriam de. *Umbanda: crença, saber e prática*. Rio de Janeiro: Pallas, 2007. 2ª ed.

PARANHOS, Roger Bottini (Ditado pelo espírito Hermes.). *Universalismo crístico*. Limeira: Editora do Conhecimento, 2007.

PIACENTE, Joice (médium). *Dama da Noite*. São Paulo: Madras, 2013.

_____. *Sou Exu! Eu sou a Luz*. São Paulo: Madras, 2013.

PINTO, Altair. *Dicionário de Umbanda*. Rio de Janeiro: Livraria Editora Eco, 1971.

PIRES, Edir. *A Missionária*. Capivari: Editora EME, 2006.

PORTUGAL FILHO, Fernandez. *Magias e oferendas afro-brasileiras*. São Paulo: Madras, 2004.

PRANDI, Reginaldo. *Mitologia dos Orixás*. São Paulo: Companhia das Letras, 2001.

RAMATÍS (Espírito) e PEIXOTO, Norberto (médium). *Chama crística*. Limeira: Editora do Conhecimento, 2004. 3ª ed.

_____. *Diário mediúnico*. Limeira: Editora do Conhecimento, 2009.

_____. *Evolução no Planeta Azul*. Limeira: Editora do Conhecimento, 2005. 2ª ed.

_____. *Mediunidade e sacerdócio*. Limeira: Editora do Conhecimento, 2010.

_____. *A Missão da Umbanda*. Limeira: Editora do Conhecimento, 2006.

_____. *Umbanda de A a Z*. Limeira: Editora do Conhecimento, 2011. (Org.: Sidnei Carvalho.)

_____. *Umbanda pé no chão*. Limeira: Editora do Conhecimento, 2005.

_____. *Vozes de Aruanda*. Limeira: Editora do Conhecimento, 2005. 2ª ed.

RIBEIRO, Darcy. *O povo brasileiro: a formação e o sentido do Brasil*. São Paulo: Companhia das Letras, 1995. 2ª ed.

RISÉRIO, Antonio. *Oriki Orixá*. São Paulo: Perspectiva, 1996.

RUDANA, Sibyla. *Os mistérios de Sara: o retorno da Deusa pelas mãos dos ciganos*. São Paulo: Cristális, 2004.

SAMS, Jamie. *As cartas do caminho sagrado*. Rio de Janeiro: Rocco, 2003. (Tradução de Fabio Fernandes.)

SALES, Nívio Ramos. *Búzios: a fala dos Orixás*. Rio de Janeiro: Pallas, 2005. 2ª ed.

SANTANA, Ernesto (Org.). *Orações umbandistas de todos os tempos*. Rio de Janeiro: Pallas, 2006. 4ª ed.

SANTOS, Orlando J. *Orumilá e Exu*. Curitiba, Editora Independente, 1991.

SARACENI, Rubens. *Rituais umbandistas: oferendas, firmezas e assentamentos*. São Paulo: Madras, 2007.

SELJAN, Zora A. O. *Iemanjá: Mãe dos Orixás*. São Paulo: Editora Afro-brasileira, 1973.

SILVA, Carmen Oliveira da. *Memorial Mãe Menininha do Gantois*. Salvador: Ed. Omar G., 2010.

SILVA, Vagner Gonçalves da. *Candomblé e Umbanda: caminhos da devoção brasileira*. São Paulo: Ática, 1994.

SOUZA, Leal de. *O Espiritismo, A Magia e As Sete Linhas de Umbanda*. Limeira: Editora do Conhecimento, 2008. 2ª ed.

_____. *Umbanda Sagrada*. São Paulo: Madras, 2006. 3ª ed.

SOUZA, Marina de Mello. *África e Brasil Africano*. São Paulo: Ática, 2008.

SOUZA, Ortiz Belo de. *Umbanda na Umbanda*. São Paulo: Editora Portais de Libertação, 2012.

TAQUES, Ivoni Aguiar (Taques de Xangô). *Ilê-Ifé: de onde viemos*. Porto Alegre: Artha, 2008.

TAVARES, Ildásio. *Xangô*. Rio de Janeiro: Pallas, 2002. 2ª ed.

VVAA. *Educação Ambiental e a Prática das Religiões de Matriz Africana*. Piracicaba, 2011. (cartilha)

VVAA. *Orientações e Ações para a Educação das Relações Étnico-Raciais*. Brasília: SECAD, 2006.

VVAA. *Plano Nacional de Desenvolvimento Sustentável dos Povos e Comunidades Tradicionais de Matriz Africana 2013-2015*. Brasília: Secretaria de Políticas de Promoção da Igualdade Racial, 2013.

VERGER, Pierre. *Orixás – deuses iorubás na África e no Novo Mundo*. Salvador: Corrupio, 2002. (Tradução de Maria Aparecida da Nóbrega.) 6ª ed.

WADDELL, Helen (tradução). *Beasts and Saints.* London: Constable and Company Ltd., 1942.

Jornais e revistas

A sabedoria dos Orixás – volume I, s/d.
Folha de São Paulo, 15 de julho de 2011, p. E8.
Jornal de Piracicaba, 23 de janeiro de 2011, p. 03.
Revista Espiritual de Umbanda – número 02, s/d.
Revista Espiritual de Umbanda – Especial 03, s/d.
Revista Espiritual de Umbanda – número 11, s/d.

Sítios na internet

http://alaketu.com.br
http://aldeiadepedrapreta.blogspot.com
http://answers.yahoo.com

http://apeuumbanda.blogspot.com
http://babaninodeode.blogspot.com
http://catolicaliberal.com.br
http://centropaijoaodeangola.net
http://colegiodeumbanda.com.br
http://comunidadeponteparaaliberdade.blogspot.com.br
http://espaconovohorizonte.blogspot.com.br/p/aumbanda-umbanda-esoterica.html
http://eutratovocecura.blogspot.com.br
http://fogoprateado-matilda.blogspot.com.br
http://umbandadejesus.blogspot.com.br
http://fotolog.terra.com.br/axeolokitiefon
http://jimbarue.com.br
http://juntosnocandomble.blogspot.com
http://letras.com.br
http://luzdivinaespiritual.blogspot.com.br
http://mundoaruanda.com
http://ocandomble.wordpress.com
http://ogumexubaraxoroque.no.comunidades.net
http://okeaparamentos.no.comunidades.net
http://opurgatorio.com
http://orixasol.blogspot.com
http://oyatopeogumja.blogspot.com
http://povodearuanda.blogspot.com
http://povodearuanda.com.br
http://pt.fantasia.wikia.com
http://pt.wikipedia.org
http://religioesafroentrevistas.wordpress.com
http://templodeumbandaogum.no.comunidades.net
http://tuex.forumeiros.com

http://xango.sites.uol.com.br
http://www1.folha.uol.com.br

http://www.brasilescola.com

http://www.desvendandoaumbanda.com.br

http://www.dicio.com.br

http://www.genuinaumbanda.com.br

http://www.guardioesdaluz.com.br

http://www.igrejadesaojorge.com.br

http://www.ileode.com.br

http://www.kakongo.kit.net

http://www.maemartadeoba.com.br

http://www.oldreligion.com.br

http://www.oriaxe.com.br

http://www.orunmila.org.br

http://www.pescanordeste.com.br

http://www.priberam.pt

http://www.religiosidadepopular.uaivip.com.br

http://www.siteamigo.com/religiao

http://www.terreirodavobenedita.com

http://www.tuccaboclobeiramar.com.br

O autor

Ademir Barbosa Júnior (Dermes) é autor de diversos livros e revistas especializadas, idealizador e um dos coordenadores do Fórum Municipal das Religiões Afro-brasileiras de Piracicaba.

Mestre em Literatura Brasileira pela Universidade de São Paulo, onde também se graduou em Letras, é autor de diversos livros. Mestre em Reiki, é tarólogo e numerólogo.

Umbandista, é filho do Templo de Umbanda Caboclo Pena Branca e Mãe Nossa Senhora Aparecida, em Piracicaba (SP). Terapeuta holístico, ex-seminarista salesiano, com vivência em casas espíritas, participa amorosamente do diálogo ecumênico e inter-religioso e mantém uma coluna sobre Espiritualidade no sítio Mundo Aruanda.

Coordenador Cultural do "Projeto Tambores no Engenho", desenvolvido pela Federação de Umbanda e Candomblé Mãe Senhora Aparecida e pelo Templo de Umbanda Caboclo Pena Branca e Mãe Nossa Senhora Aparecida, acredita que a postura mais interessante na vida é a de aprendiz. É membro da 1ª gestão do Conselho de Participação e Desenvolvimento da Comunidade Negra de Piracicaba, tendo participado da comissão responsável pela implementação do mesmo. Produziu os curtas-metragens "Águas da Oxum" (Adjá Produções/fora de catálogo); "Mãe dos Nove Céus" (Bom Olhado Produções), "Mãe dos Peixes, Rainha do Mar" (Bom Olhado Produções) e "Xangô" (Bom Olhado Produções).

Coordena o curso virtual "Mídia e Religiosidade Afro-brasileira" (EAD Cobra Verde – Florianópolis – SC). Em 2012 recebeu o Troféu Abolição (Instituto Educacional Ginga – Limeira, SP). Em 2013, o Diploma Cultura de Paz – Categoria Diálogo Inter-religioso (Fundação Graça Muniz – Salvador, BA). É presidente da Associação Brasileira de Escritores Afro-religiosos – Abeafro.

Outras publicações

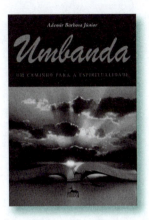

UMBANDA – UM CAMINHO PARA A ESPIRITUALIDADE

Ademir Barbosa Júnior (Dermes)

Este livro traz algumas reflexões sobre a Espiritualidade das Religiões de Matriz Africana, notadamente da Umbanda e do Candomblé. São pequenos artigos disponibilizados em sítios na internet, notas de palestras e bate-papos, trechos de alguns de meus livros.

Como o tema é amplo e toca a alma humana, independentemente de segmento religioso, acrescentei dois textos que não se referem especificamente às Religiões de Matriz Africana, porém complementam os demais: "Materialização: fenômeno do algodão" e "Espiritualidade e ego sutil".

Espero que, ao ler o livro, o leitor se sinta tão à vontade como se pisasse num terreiro acolhedor.

Formato: 16 x 23 cm – 144 páginas

Outras publicações

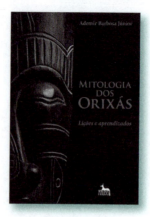

MITOLOGIA DOS ORIXÁS – LIÇÕES E APRENDIZADOS
Ademir Barbosa Júnior (Dermes)

O objetivo principal deste livro não é o estudo sociológico da mitologia iorubá, mas a apresentação da rica mitologia dos Orixás, que, aliás, possui inúmeras e variadas versões.

Não se trata também de um estudo do Candomblé ou da Umbanda, embora, evidentemente, reverbere valores dessas religiões, ditas de matriz africana.

Foram escolhidos alguns dos Orixás mais conhecidos no Brasil, mesmo que nem todos sejam direta e explicitamente cultuados, além de entidades como Olorum (Deus Supremo iorubá) e as Iya Mi Oxorongá (Mães Ancestrais), que aparecem em alguns relatos.

Formato: 16 x 23 cm – 144 páginas

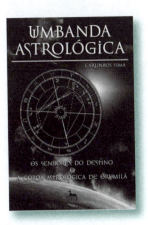

UMBANDA ASTROLÓGICA – OS SENHORES DO DESTINO E A COROA ASTROLÓGICA DE ORUMILÁ

Carlinhos Lima

Este livro trata-se de uma visão do horóscopo zodiacal sobre o prisma da Umbanda, da mesma forma que é uma visão do orixá por meio do saber astrológico. Mas, além dessa interação Umbanda-Astrologia, o livro também foca e revela outros oráculos, especialmente os mais sagrados para os cultos afro-brasileiros que são o Ifá e Búzios. Nesse contexto oracular, trazemos capítulos que falam de duas técnicas inéditas de como adentrar o mundo dos odus, utilizando o zodíaco: a primeira é a Ifástrologia que utiliza-se das casas astrológicas do Horóscopo para alinhar os odus e chegarmos a odus que são responsáveis por nossa existência. E a outra é a soma dos odus utilizando a data de nascimento.

Formato: 16 x 23 cm – 256 páginas

Dúvidas, sugestões e esclarecimentos
E-mail: ademirbarbosajunior@yahoo.com.br

Distribuição exclusiva

www.aquarolibooks.com.br